POLEN
Berlin
Lausitz
Dresden
TSCHECHIEN
München
ÖSTERREICH

Herausgegeben von
Sonja Hoffmann

Erarbeitet von
Sonja Hoffmann
Anja-Maria Knoll

Unter Beratung von
Alexandra Haubner, Leipzig
Dr. Annerose Schnabel, Tannenbergsthal

Unter weiterer Mitarbeit von
Britta Bobrow, Barth
Katharina Bruntsch, Dresden
Romy Deke, Hoyerswerda
Sabine Fuchs, Rostock
Maike Hintzsche, Halle
Jana Hirsch, Limbach-Oberfrohna
Maria Hollstein, Chemnitz
Britta Meier, Magdeburg
Jeanette Nowak, Berlin
Angelika Satke, Halle
Petra Spindler, Hartmannsdorf
Gabriele Streitz, Schöneiche
Martina Theißen, Böhlen

Mein neuer Musikus 3

Ein Musikbuch
für die Grundschule

VOLK UND WISSEN

Inhalt

Liederkapitel

Berühmte Komponisten

Werkstatt

Zeichenerklärungen

CD 

Verweis auf den Anhang ➜

Klangplatten 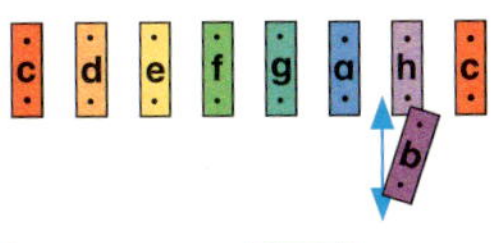

klatschen  patschen  stampfen 

Zwei zusammen

1/3

Ich bin ich I/2

W: Irmela Brender · Rhythmus: Sonja Hoffmann

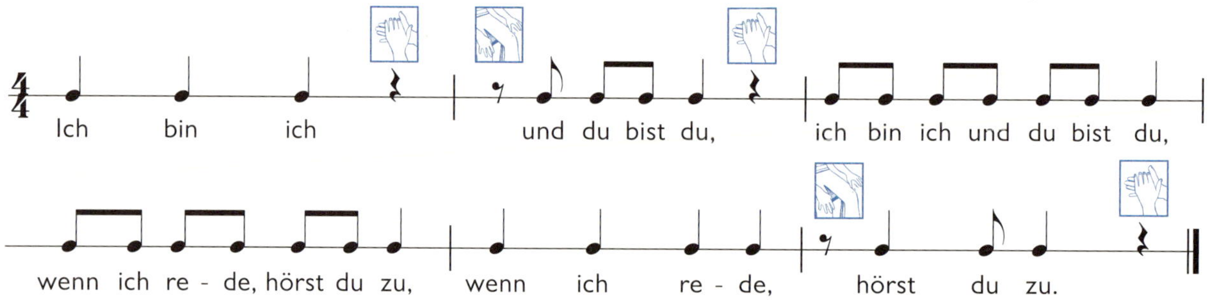

2. Wenn du sprichst, dann bin ich still,
   weil ich dich verstehen will.
3. Spielst du pong, dann spiel ich ping,
   und du trommelst, wenn ich sing.
4. Wenn du fällst, helf ich dir auf,
   und du fängst mich, wenn ich lauf.
5. Wenn du kickst, steh ich im Tor,
   pfeif ich Angriff, schießt du vor.

2

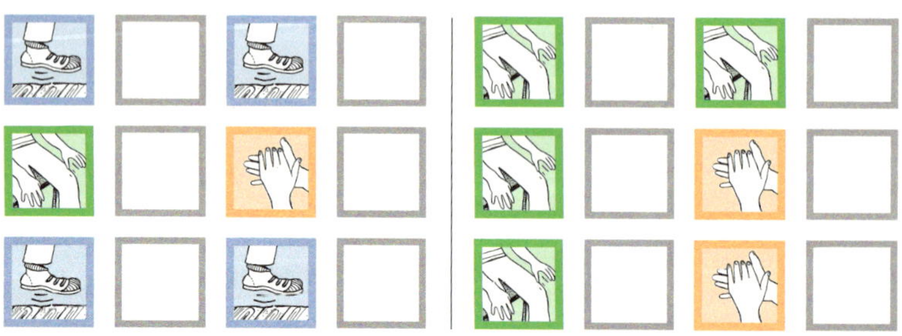

1 Sprecht den Rap und füllt die Pausen mit Patschen und Klatschen.
2 Spielt diese Rhythmusbausteine mit Körperinstrumenten. Erfindet auch eigene Rhythmusbausteine.
3 Musiziert zu zweit: Einer spricht und einer begleitet mit den Rhythmusbausteinen.

Musizieren im Duett

4

Zwei Musiker spielen gemeinsam

Lokk von Etter Thorvald Tronsgard I/3

5

Wenn zwei zusammen träumen I/4, 5

W: Jutta Richter · M: Konstantin Wecker

2. Wenn zwei zusammen träumen,
   dann wird das Große klein.
   Dann wachsen ihnen Flügel
   und Berge werden Hügel
   und Wasser Gänsewein.

3. Wenn zwei zusammen träumen,
   dann wird das Schwere leicht.
   Dann zittern die Gespenster
   und heulen hinterm Fenster.
   Angst, Furcht und Kummer weicht.

4. Wenn zwei zusammen träumen,
   dann bau'n sie sich ein Nest.
   Da können sie drin liegen,
   erzählen, wie sie fliegen,
   und keiner hält sie fest.

→ *Duett, S. 82*

Rhythmisch sprechen
Mit Körperinstrumenten begleiten
Malen zur Musik

4 Malt zu zweit zur Musik, mit einem roten Stift zum Saxofon, mit einem blauen Stift zum Klavier und nur, wenn ihr das jeweilige Instrument hört.
5 Hört und singt das Lied über eine besonders schöne Freundschaft.

Trubel im Weinberg

1

Weinlese

Heu - te | ern - ten | wir im | Wein - berg.

Schnipp, | schnapp, | Trau - ben | ab.

Bald schon | ist das Körb-chen ü - | ber - | voll, toll!

O - | ho, | ist der Win-zer | froh!

2

Das Weinstöcklein I/6

M: aus Frankreich
deutscher Text: Georg Biegholdt

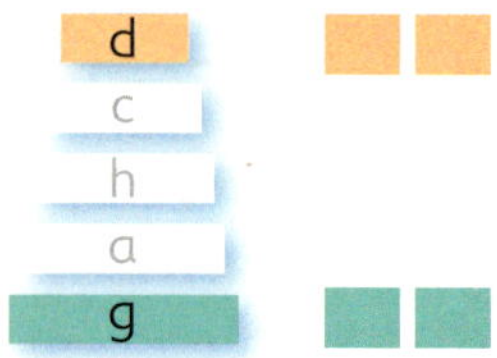

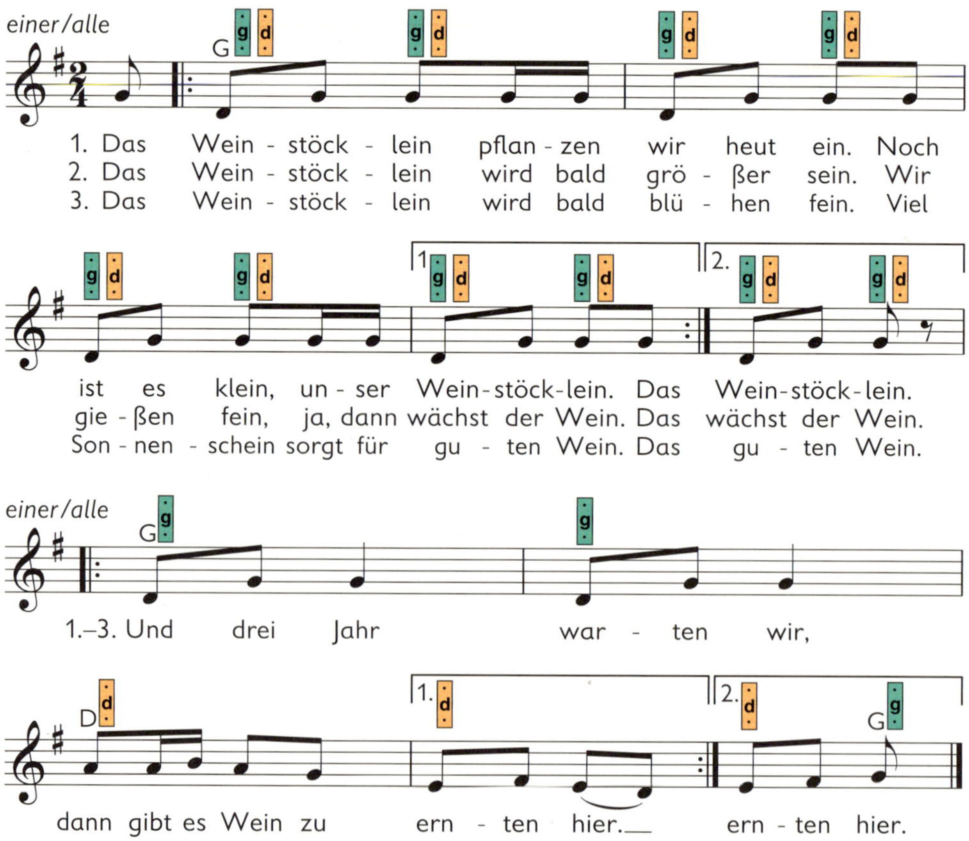

1 Sprecht und musiziert die Weinlese-Rhythmen nacheinander oder gleichzeitig.

2 Singt das Lied und begleitet es mit den Tönen g und d.

3

Weinstampftanz I/7

1 Paare bringen Körbe zum Weinstampftrog und schütten Trauben aus

2 stampfen und in den Knien nachfedern

3 am Platz drehen
16 kleine Schritte
Arme über dem Kopf halten

Alte Darstellung der Weinbereitung

4 in den Trog springen
erst rechter Fuß,
dann linker Fuß

5 im Weinstampftrog mit beiden Beinen stampfen

6 erst tanzen die Paare um den Weinstampftrog, dann alle zusammen im großen Kreis

→ *Wiegeschritt, Stampfschritt, S. 81*

Rhythmusbausteine musizieren
Lied gestalten und begleiten
Tanz gestalten

3 Gestaltet den Weinstampftanz. Nutzt dazu auch Körbe, Reifen und andere Dinge, um ihn lebendig zu machen.

Ohren auf

1

Etwas wird in Schwingung versetzt.

Je stärker die Schwingungen sind,
desto größer ist die Lautstärke.
Die Hörleistungen von uns Menschen sind begrenzt.
Zu laute Geräusche und zu laute Musik
schädigen unsere Ohren.

2

Wie gut hörst du?

3

Augen, Ohren und Herz von Gerhard Schöne I/8

1 Wie entstehen Geräusche, Klänge und Töne?
Was wird bei Instrumenten in Schwingung versetzt?
Probiert es aus!

2 Teste deine Ohren mit verbundenen Augen. Was hörst du?
Aus welcher Richtung kommt der Klang?

3 Hört das Lied vom Hören und Sehen – wovon erzählt es noch?

Und so hören wir:

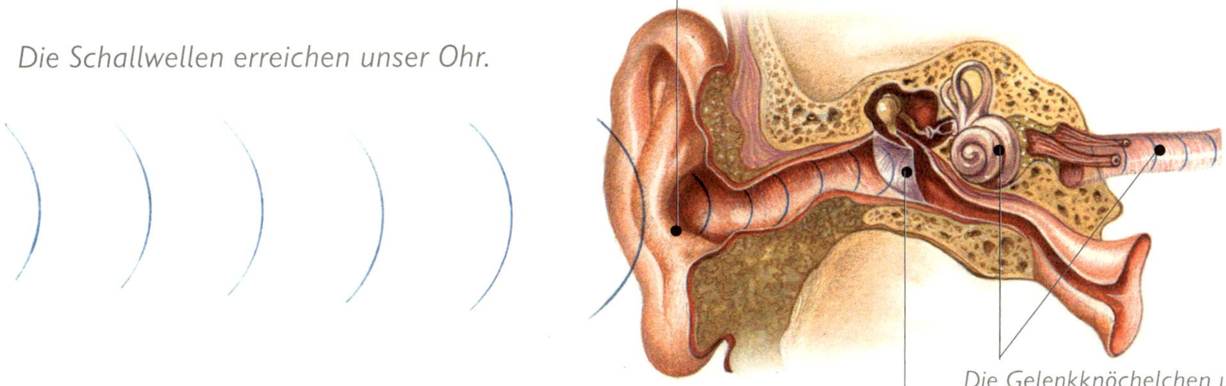

4 / 5

Bin ganz Ohr

W / M: Dorothée Kreusch-Jacob

Refrain

Strophen

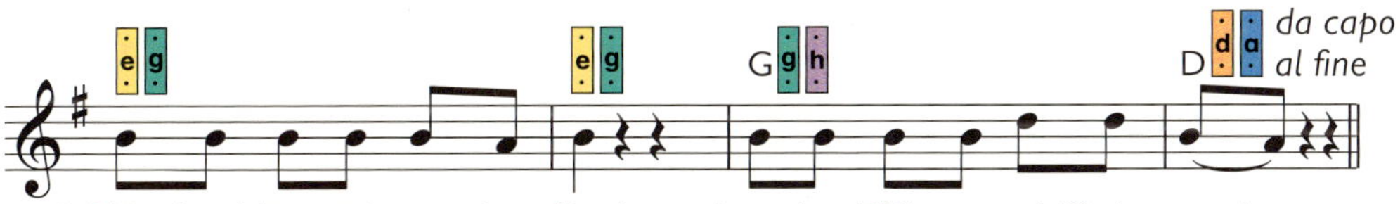

2. Hör das Flüstern in den Zweigen,
Mücken tanzen ihren Reigen.

3. Hör den Wind durch Gräser weh'n,
kann die Wolken ziehen seh'n.

4. Trauerweide wäscht ihr Haar,
erzählt dem See, wie's damals war.

5. Ins stille Wasser fällt ein Stein
und zaubert Ring für Ring hinein.

→ S. 75, 78/79

♪ Entstehung von Geräuschen, Klängen und Tönen erkunden
Gehör kennenlernen
Liedstrophen dichten
Lied instrumental begleiten – Klanggestaltung

4 Singt ein Lied von der Stille. Was kann man in der Stille hören? Dichtet weiter.
5 Begleitet das Lied mit leisen Klängen. Ergänzt es durch eine passende Klanggestaltung.

Tanzend durch Europa: **Polen**

1

Piyrso Godzina 1/9

Janosik, Held der Berge
Im Tatragebirge in Polen lebt das Volk der Goralen. Dort erzählt man sich noch heute die Geschichte von Janosik, dem Schafhirten.
Er lebte in den Bergen und wurde zum Helden, weil er gegen den unbarmherzigen Grafen kämpfte und den Armen half. Die einfachen Waffen der Goralen, die Ciupagas, werden heute nur noch bei Tänzen verwendet.

3

Herstellen einer Ciupaga

Material:
Pappröhre, Pappe und Alufolie
- *diese Form aus einer Pappe ausschneiden:*]
- *um ein Ende der Pappröhre legen, ankleben und zusammentackern*
- *alles mit Alufolie umwickeln*

2

Die Tanzschritte

A-Teil

● • • ● • • ● • • ● • •

B-Teil

● • ● • ● • ● • ● • ● • ● • ● •

1

Mädchen:
- in einer Reihe von rechts kommen
- Schulterfassung rechts
- linker Arm nach oben gestreckt
- betonten Schritt im Knie federn
- im Halbkreis aufstellen

2

Jungen:
- in einer Reihe von links kommen
- Ciupaga abwechselnd rechts und links schwingen
- im Kreis vor den Mädchen aufstellen

Mädchen:
- klatschen rhythmisch

3

Jungen:
- drehen nach außen und zeigen Ciupagas

Mädchen:
- gehen in einer Reihe um den Jungenkreis herum
- gehen zurück auf die alten Plätze

1 Hört den Tanz der Goralen. Welche Teile hört ihr? Wie unterscheiden sie sich?
2 Erkennt die unterschiedliche Betonung der Grundschläge beim Tanzen.
3 Baut euch Ciupagas aus Pappröhren, Pappe und Alufolie für euren Tanz. Auch Klanghölzer können anstelle der Ciupagas verwendet werden.

Goralentanz

Jungen:
- drehen sich um sich selbst und schwingen Ciupagas
- bei Wiederholung Richtungswechsel
- stehen wieder im Kreis mit Blick zur Mitte

Mädchen:
- in einer Reihe nach rechts gehen zurück zum Ausgangspunkt
- Schulterfassung rechts
- linker Arm nach oben gestreckt
- betonten Schritt im Knie federn

Jungen:
- in einer Reihe nach links gehen zurück zum Ausgangspunkt
- Ciupaga abwechselnd rechts und links schwingen

→ *Tempo, S. 85,*
Grundschlag, S. 82

♪ *Unterschiedliches Tempo erkennen*
Gerade und ungerade Betonung der Grundschläge

4 Betrachtet die Abbildungen und erarbeitet euch danach den Tanz.

Halloween – Gespensterball

1

Alle Gespenster in nah und fern bereiten sich auf den Gespensterball in der alten Schlossruine vor.

Die einen trainieren ihre Gruselstimmen.

Die anderen üben unheimliche Geräusche.

Und es wird getanzt.

2

Danse macabre von Camille Saint-Saëns I/10

1 Übt Gespensterstimmen und Spukgeräusche.

2 Hört und verfolgt die musikalische Gespenstergeschichte. Schreibe auf, was du dir beim Hören vorstellst.

3 / 4

Gespensterduett I/11 W/M: Reinhard Lakomy · Monika Ehrhardt

gesprochen nach der 1. Strophe:	Hugo: Hulda, wo bist du? Ich kann dich nicht sehen.
	Hulda: Kein Wunder, du hast gerade deinen Kopf abgesetzt.
	Hugo: Wo habe ich den nur wieder hingelegt?
	Hulda: Du hast ihn unterm Arm, Süßer.
gesprochen nach der 2. Strophe:	Hulda: Hugo, sieh doch mal hier hinein!
	Hugo: Ach, Hulda! Wer ist dieser grässliche Kerl da drin?
	Hulda: Hugo, du schaust gerade in einen Spiegel.
	Hugo: Ach! Hulda, haha, haha.
(Tür quietscht)	Hugo: Ach schön, jetzt kommt jemand zum Erschrecken!
	Hulda: Hugo! Schnell weg! Da ist wieder so eine furchtbare Taschenlampe!
	Hugo: Hulda, Hulda! Warte doch! Ich habe solche Angst!
	Hulda: Hilfe!
	Hugo: Warte doch! Ich habe solche Angst …

= Hugo
= Hulda

→ *Instrumente, S. 74/75*

Stimme schulen
Gruselklänge musizieren
Singen und szenisch gestalten
Musik hören und eine Geschichte dazu erzählen

3 Singt das Lied.
4 Stellt es szenisch als Schattentheater dar. Begleitet die Sprechtexte mit Gruselgeräuschen.

Händel auf der Themse

1/2

Vor 300 Jahren bekommt der junge Georg Friedrich Händel vom englischen König den Auftrag, eine Musik für ein Fest auf der Themse zu komponieren.
Die Themse ist ein großer Fluss, der durch London fließt. Händel denkt sich eine Melodie aus und schreibt sie auf. Er nennt sie „Wassermusik".

Er wählt laute und festlich klingende Instrumente für sein Konzert aus.

Allegro – Alla Hornpipe, Ausschnitt aus der „Wassermusik"
von Georg Friedrich Händel I/12

1 Hört die Musik, lest mit und verfolgt die hervortretenden Instrumente.

2 Singt die Melodie, die sich Händel ausgedacht hat.

Musik eines weltbekannten Komponisten kennenlernen

3

Nach langen Wochen harter Arbeit ist es endlich so weit.
Händel steht abwartend vor seinen Musikern auf einem Boot. Und da kommt auch schon das prächtige Schiff mit dem König und seinem Hofstaat um die Flussbiegung.
Händel gibt ein Zeichen, und die Musiker beginnen zu spielen.
Ob dem König die neue Musik gefallen hat?

4

Mitspielsatz

Trompete

Waldhorn

→ *G. F. Händel, S. 70*
→ *Instrumente, S. 76/77*

Musik hören – szenisch zur Musik spielen und mitmusizieren
Einen Komponisten kennenlernen
Trompete, Waldhorn kennenlernen

3 Spielt die Szene so, wie sich zugetragen haben könnte.
4 Baut in die Szene einen Mitspielsatz zu Händels Musik ein.
5 Findet mehr über den Komponisten Händel heraus.

Der Nussknacker

1/2

Es ist Weihnachtsabend. Familie Stahlbaum feiert das Weihnachtsfest mit der ganzen Familie. Die Kinder Marie und Fritz freuen sich über die vielen Gäste. Fritz bekommt neue Zinnsoldaten und Marie neue Puppen. Fritz lässt seine Soldaten gleich aufmarschieren und Marie spielt mit den zierlichen Puppen.

Marsch der Zinnsoldaten von P. Tschaikowski **1/13**

A

B

Was könnte hier passieren?

A

marschierend

tänzerisch

? ? ?

schwebend

lustig

flink

langsam

leicht

zackig

3

Aber das schönste Geschenk bekommt sie von ihrem Onkel: einen Nussknacker aus Holz, den sie gleich ins Herz schließt und gegen die Attacken ihres Bruders Fritz in Schutz nimmt. Um Mitternacht ist Marie noch wach und sieht, wie alle Spielsachen lebendig werden. Ein Mausekönig und seine Mäuseschar greifen die Zinnsoldaten an.

1 Hört den Marsch und bewegt euch erst wie Zinnsoldaten und dann wie Maries neue Puppen. Oder ihr bildet zwei Gruppen. Verfolgt die Bildpartitur. Was könnte im Mittelteil passieren? Setzt eure Ideen zur Musik um.

2 Welche Unterschiede hört ihr zwischen den Zinnsoldaten und den Puppen? Ordnet die Wortkarten zu. Findet eigene Adjektive und begründet.

3 Lest, wie die Geschichte weitergeht.

Ein klassisches Ballett

Maries Nussknacker kämpft gemeinsam mit den Soldaten gegen die Mäuse. Als er aus Erschöpfung nicht mehr weiterkämpfen kann, kommt Marie ihm zu Hilfe und vertreibt die Mäuse.
Nach dem Kampf erkennt Marie ihren Nussknacker kaum wieder: Er wurde zu einem stattlichen Prinzen, der sie mit in den verschneiten Wald nimmt.

4

Schneeflocken-Walzer I/14

M: P. Tschaikowski · W: Anja-Maria Knoll

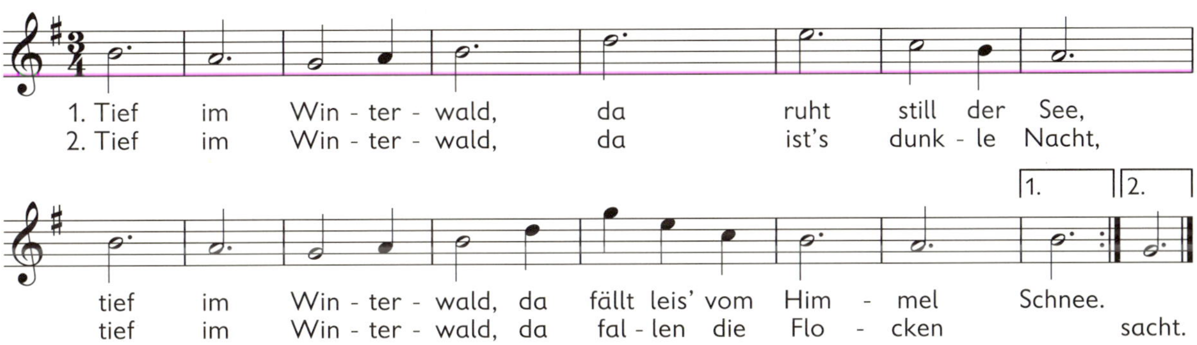

→ P. Tschaikowski, S. 72
→ Ballett, S. 82

musikalische Abläufe erfassen
Charakteristik von Musik beschreiben
Handlung und Musik in Verbindung bringen

4 Hört den Schneeflocken-Walzer und singt die Melodie zusammen mit dem Kinderchor, der zu hören ist.

Im Reich der Zuckerfee

Schließlich erreichen sie das Schloss der Zuckerfee, in dem zu Ehren von Marie ein Fest gegeben wird. Hier begegnet Marie vielen lebendigen Süßigkeiten. Sie hört Musik und lernt verschiedene Tänze aus aller Welt kennen.

1

Chinesischer Tanz I/15

Hier verwendet der Komponist Peter Tschaikowski zwei unterschiedlich große Flöten. Oft nennt man die Piccoloflöte auch die „kleine Schwester der Querflöte“.

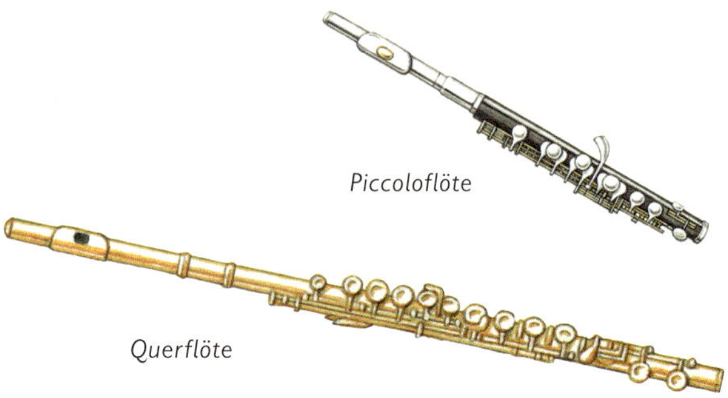

Piccoloflöte

Querflöte

2

Russischer Tanz: Trepak I/16

A

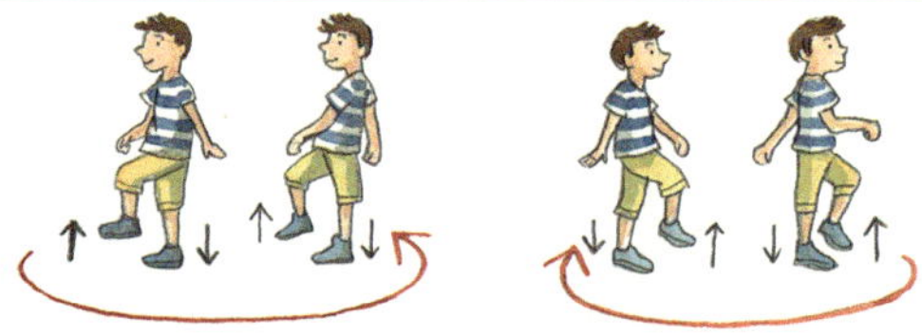

2 x stampfen
in Kreisrichtung laufen

2 x stampfen
in Gegenrichtung laufen

Wiede
holung

B

abwechselnd re und li Bein in die Mitte stellen,
Arme in die Hüfte stützen

A

wiederholen

- immer schneller werden
- Arme am Schluss hochwerfen

1 Bewegt farbige Chiffontücher, wenn ihr die beiden Flöten hört, und haltet sie still, wenn sie pausieren.

2 Tanzt den Trepak nach der Beschreibung zur Musik.

Am Morgen erwacht Marie.
Sie eilt zu ihrem Nussknacker und findet ihn im Wohnzimmer.
Hat sie das alles nur geträumt?

3

Tanz der Rohrflöten I/17

4

Schluss

3 Hört den Tanz der Rohrflöten. Setzt euch paarweise hintereinander. Das hintere Kind bewegt seine Hände über den Rücken des anderen: hoch bei hohen Tönen, tief bei tiefen Tönen. Das vordere Kind malt den Verlauf dabei.
4 Überlegt gemeinsam, was euch an diesem Ballett gefällt und welche Fragen ihr dazu habt.

→ *Instrumente, S. 76/77*

Zur Musik bewegen
Musikalische Verläufe erfühlen und aufzeichnen
Instrumente kennenlernen
Tanzanleitung umsetzen

Das Weihnachtsfest naht

Einladung [1]

Herzlich willkommen zur Weihnachtsfeier der Klasse 3a.
Wir laden euch zum gemeinsamen Singen und Tanzen ein.

1

Alle Jahre wieder

→ S. 65

2

3 Gedicht

Das Tännlein

Ein Tännlein aus dem Walde,
und sei es noch so klein,
mit seinen grünen Zweigen
soll unsre Freude sein!
Es stand in Schnee und Eise
in klarer Wintersluft.
Nun bringt's in unsre Stuben
den frischen Waldesduft.

Wir wollen es schön schmücken
mit Stern und Flittergold,
mit Äpfeln und mit Nüssen
und Lichtlein wunderhold.
Und sinkt die Weihnacht nieder,
dann gibt es lichten Schein,
das leuchtet Alt und Jungen
ins Herz hinein.

Albert Sergel

1 Bereitet mit eurer Klasse ein Weihnachtsprogramm vor. Gestaltet den Lichter-Kanon so: Nehmt LED-Teelichter in die Hand, macht zuerst drei Schritte nach vorn, dann einen zurück usw. Ihr könnt den Kanon in Gruppen aufführen oder alle zusammen. Begleitet das englische Lied auf Stabspielen.

4 **Singen wir im Schein der Kerzen** I/19

→ S. 65

Zum Abschluss des Programmes wollen wir alle ein bekanntes englisches Weihnachtslied singen.

5 **We wish you a Merry Christmas** I/20

W/M: aus England
deutscher Text: überliefert

2. Now bring us some figgy pudding, 3 x
and bring some out here.
3. We won't go until we've got some, 3 x
so bring some out here.

2. *Jetzt bringt auch den Feigenpudding,* 3 x
den Pudding uns her.
3. *Wir werden nicht eher gehen,* 3 x
so bringt ihn uns her.

Ein musikalisches Programm zusammenstellen und aufführen

Anfangen

Immer wieder fängt im Leben etwas Neues an.
Es beginnt ganz klein und wird dann
ganz allmählich größer.
Ein neues Jahr beginnt.
Was wird es uns bringen?
Das griechische Alphabet beginnt
mit dem Buchstaben Alpha.
So nennt auch der griechische
Komponist Vangelis
seine elektronische Musik.

1

Alpha von Vangelis I/21

Synthesizer

3

1 Hört die Musik und verfolgt, wie sie sich steigert, wie sie immer dichter und lauter wird.
2 Bewegt euch mit Tüchern zur Musik und stellt dabei die Steigerung dar. Ein Kind beginnt.

3 Singt und spielt die sich immer wiederholende Melodie mit.

2

4/5

Jetzt gehts los (Kanon) I/22

W/M: Uli Führe

→ *Instrumente, S. 76/77*
→ *Kanon, S. 82*
Steigerung, S. 84

Musik hören und sich dazu bewegen, mitmusizieren
Mehrstimmig singen

4 Singt das Lied mit Steigerungen: zuerst einer allein, dann zwei zusammen, dann immer mehr …
5 Singt das Lied als Kanon mit drei Stimmen.

Im Reich der Schneekönigin

1

Ganz weit im Norden, im ewigen Eis,
dort, wo das Krachen und Knistern
der Gletscher die Stille bricht,
dort hat die Schneekönigin ihr Reich.
Die Nordlichter spiegeln sich im Schnee
und erhellen das Dunkel.

4

2

Aufführung der „Schneekönigin“
im Berliner Friedrichstadt-Palast

3

Im Eispalast

Kai betritt den Eispalast der Schneekönigin. Es ist still hier, sehr kalt und sehr einsam. Kai spürt das alles nicht, weil die Schneekönigin sein Herz in Eis verwandelt hat. Sie hat ihm die ganze Welt versprochen und dazu noch ein Paar Schlittschuhe, wenn er eine Aufgabe löst.
Er soll die Eissplitter zu einer Melodie zusammensetzen.

Breaking the ice
von Thomas Wilbrandt I/23

1 Informiert euch über Hans Christian Andersons Märchen von der Schneekönigin.
2 Welche Szene könnte das Bild unten links darstellen?
3 Spielt die Szene „Im Eispalast“ ohne Worte, aber mit Musik. Baut Eisberge aus Stühlen und weißen Tüchern als Kulisse.
4. Löst die Aufgabe der Schneekönigin. Spielt die Melodie auf dem Metallofon.

5

Nordwind I/24

W/M: Matthias Trommler

2. Kirchtürme sehen im Handumdrehen
wie große Eiszapfen aus.
Und dort am Bache, guck mal,
der starre Eisblock, das ist ja ein Haus.

3. Hinter Gardinen eiskalte Mienen,
keiner, der singt oder lacht.
Ach, dass der Winter nicht noch uns Kinder
einsam wie Schneemänner macht.

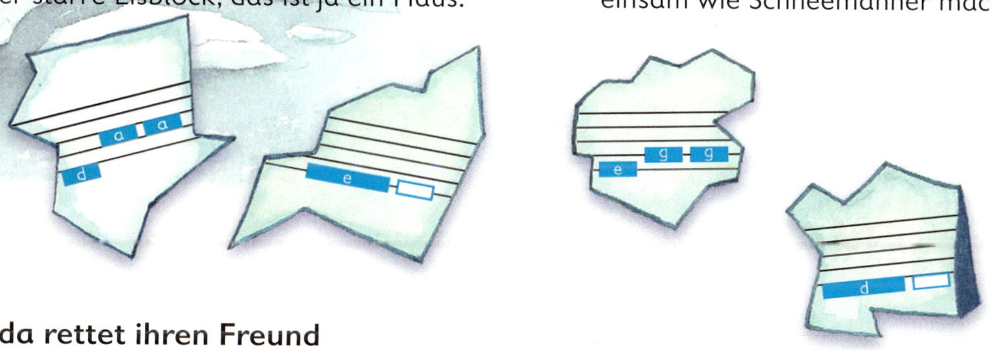

6

Gerda rettet ihren Freund

Gerda hat ihren Freund Kai nach einer langen, gefährlichen Reise endlich gefunden. Sie hat ihm seine Rose, das Zeichen ihrer Freundschaft, mitgebracht. Das Eis in seinem Herzen schmilzt.

Wide white winter

von Thomas Wilbrandt I/25

Szenisch spielen zur Musik
Lied singen und ein Vorspiel musizieren

5 Singt das Lied. Gestaltet ein „eisiges“ Vorspiel. Nutzt dafür auch die Puzzle-Melodie.
6 Spielt auch diese Szene zur Musik.
An welcher Stelle könnte das Eis in Kais Herz schmelzen? Überreicht dort die Rose.

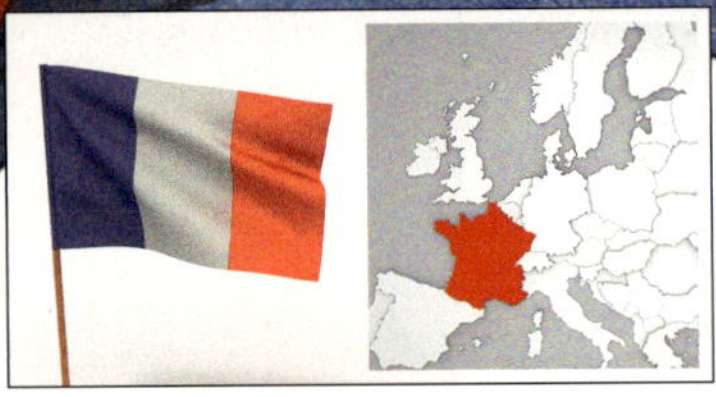

Tanzend durch Europa: **Frankreich**

1

La Jument de Michao (traditionell aus der Bretagne) 1/26

Ganz im Nordwesten von Frankreich, direkt an der Küste, umgeben von schroffen Felsen, liegt die Bretagne. Ihre Musik wurde von den Seefahrern ins Land gebracht. Dieses bretonische Lied handelt von einer Stute mit ihrem Fohlen, von Wolf, Fuchs und einem Hermelin (marderähnliches Raubtier). Dieses kleine Tier findet sich in der bretonischen Flagge wieder. Das Lied wird als Kettentanz aufgeführt und auch heute noch gern von Kindern und Jugendlichen in Frankreich getanzt.

2

Teil A 2 x

Vorspiel	A	Zwischenspiel	B	Zwischenspiel	A	Zwischens
instrumental (8 Takte)	Beginn Gesang (4 Takte)	Gesang leiser (4 Takte)	(4 Takte)	(4 Takte)	(4 Takte)	(4 Takte)

1 Lest zuerst die Informationen zur Bretagne. Hört die Musik und verfolgt den Verlauf. Worin bestehen die Unterschiede?

2 Probiert nun die einzelnen Teile aus.

Kettentanz

3

Teil B 2 x

li seit – re ran – li seit – li hüpf re Bein hoch

rechts Schritt – re hüpf li Bein hoch – nach li halbe Drehung um die eigene Achse

Zwischenspiel 8 x

li – re – li

B	Zwischenspiel	A	Zwischenspiel	B	Zwischenspiel	usw.
(4 Takte)	(4 Takte)	(4 Takte)	(4 Takte)	(4 Takte)	(4 Takte)	

3 Tanzt diesen typisch bretonischen Kettentanz zum Schluss gemeinsam durch den Raum. Das erste Kind der Kette bestimmt die Richtung.

➜ *Hüpfschritt, halbe Drehung, S. 81*
♪ *Kettentanz*

Tief, tief in uns wohnt die Seele

„Tief, tief in uns wohnt die Seele.
Noch niemand hat sie gesehen,
aber jeder weiß, dass es sie gibt.

In der Seele, in ihrer Mitte,
steht ein Vogel auf einem Bein.
Der Seelenvogel.
Und er fühlt alles, was wir fühlen.
Er besteht aus Schubladen.
Es gibt eine Schublade für …“

Michal Snunit
aus „Der Seelenvogel“

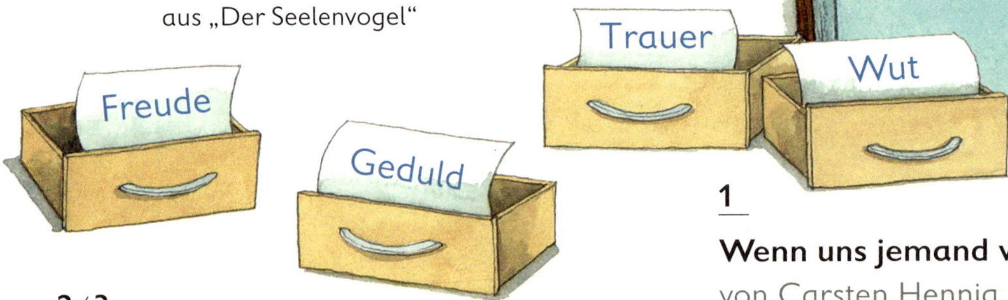

1

Wenn uns jemand verletzt
von Carsten Hennig I/27

2/3

Schubladen von Carsten Hennig I/29

4

Warum bin ich so fröhlich I/30, 31

W/M: Hermann van Veen

1 Hört, wie die Gefühle in der Musik dargestellt sind. Woran erkennt ihr sie?

2 Stellt in Gruppen die Gefühle aus den Schubkästen mit Instrumenten dar. Spielt euch gegenseitig eure Kompositionen vor und lasst die anderen erraten, welches Gefühl zu hören ist.

Musik kann Gefühle ausdrücken

1

Wenn uns jemand in den Arm nimmt
von Carsten Hennig I/28

auf lala singen

2. Ich bin auch schon mal traurig, so abgrundtief traurig,
dann bin ich schaurig traurig, dann tut mir alles weh.
Bin ich deshalb so fröhlich, so fröhlich, so fröhlich,
fast übertrieben fröhlich, so fröhlich war ich nie.

3 Vergleicht eure Kompositionen mit denen des Komponisten Carsten Hennig.
4 Singt gemeinsam das Lied.
Gestaltet die Strophen so, dass sie zu den Gefühlen passen.

→ *Gefühle in der Musik, S. 82*

Musikalische Gestaltungsmittel erkennen
Klangbilder zu Gefühlen komponieren

Momo und die Zeitdiebe

1

Time von Pink Floyd **I/32**

Die grauen Herren kommen in die Stadt. Die Menschen, die immer fröhlich und vergnügt zusammenlebten, frieren bei ihrem Anblick. Die Herren rechnen den Menschen vor, dass sie zu viel Zeit nutzlos verbringen. Fortan sind alle nur noch mit sich und ihrer Arbeit beschäftigt. Die Fröhlichkeit verschwindet aus der Stadt. Die grauen Herren aber sammeln die gesparte Zeit der Menschen in ihrer Zeit-Sparkasse. Nur so können sie immer weiter leben. Das Mädchen Momo stellt sich mutig den grauen Herren entgegen. Der Zeitverwalter, Meister Sekundus Minutus Hora, hält für eine Stunde die Zeit an, damit Momo die Zeitdiebe besiegen kann.

2

In Meister Horas Uhrenkabinett

1 Lest die Geschichte von Momo und den Zeitdieben und hört, wie es beim Zeitverwalter Meister Hora klingt.

2 Gestaltet mit passenden Instrumenten eine Zeitmusik. Lasst viele unterschiedliche Uhren erklingen.

Kurze und lange Töne

3

Die Zeit bleibt stehen

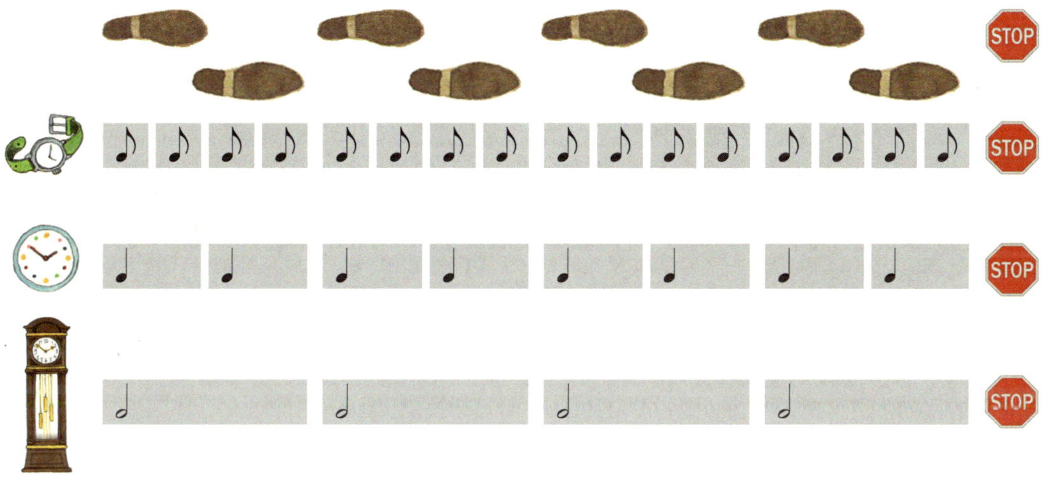

4

Alle Uhren bleiben stehn I/33, 34

W/M: Bernhard
und Wolfgang Hering/Bernd Meyerholz

➜ *Grundschlag, S. 82,*
Rhythmus, S. 84

Gleichmäßige rhythmische Abläufe musizieren

Tonlängen und ihre Relationen erfassen

3 Geht zum Grundschlag im Raum. Spielt dazu den Klang verschiedener Uhren, kleine, größere und ganz große. Hört, wie die unterschiedlichen Tonlängen zusammenpassen. Einer hält mit einer Geste die Zeit an und alle versteinern.
4 Singt das Lied und gestaltet es mit euer eigenen Uhrenmusik.

Ostereier – Osterküken

1

3

Ballett der Küchlein in ihren Eierschalen von Modest Mussorgski I/35

A

A

1 Musiziert die Rhythmen in den Ostereiern – nacheinander und gleichzeitig.

2 Singt den Ostereiertango und begleitet ihn mit den Tango-Rhythmen.
3 Hört den Tanz der kleinen Küchlein und verfolgt den Ablauf der Musik.

2

Ostereier-Tango I/36, 37

W: Annerose Schnabel · M: Sonja Hoffmann

2. Ostersingen für den Kuchen,
Osterbrot und Eiersuchen,
Ostereier, Tanzen auch:
Ja, das ist zu Ostern Brauch.

4

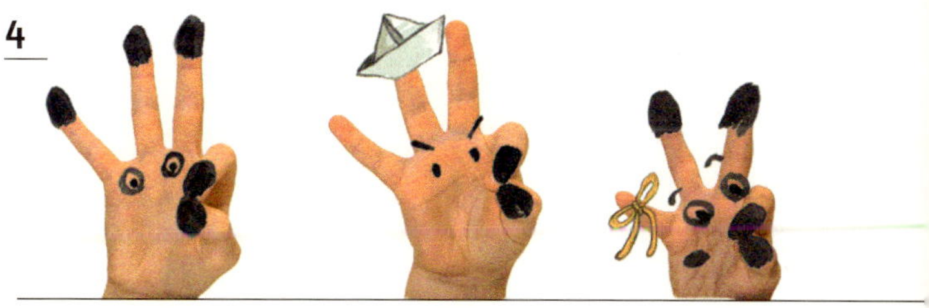

B

A

Singen und mit Tango-rhythmen begleiten
Musik hören und Handtanz in der A-B-A-Form

4 Erfindet ein Handballett zur Musik.
Arbeitet in Gruppen und führt euch eure Tänze gegenseitig vor.

Musikalischer Ausflug

1/3

Wie lange gehst du schon zur Musikschule?

Seit zwei Jahren.

Und wie oft kommst du her?

Immer dienstags bekomme ich eine Stunde Unterricht. Und wenn ich besser spielen kann, darf ich auch freitags zur Bandprobe kommen.

Warum hast du dich für die Gitarre entschieden?

Als ich neu hier war, konnte ich viele Instrumente ausprobieren. Und da hat mir die Gitarre am besten gefallen. Ich kann Melodien darauf spielen und auch Akkorde. Und mit Akkorden kann ich auch Lieder begleiten.

Muss man lange üben, bis man richtig spielen kann?

Ich übe jeden Tag. Und ich freue mich, wenn ich ein Stück endlich richtig spielen kann. Manchmal habe ich aber auch keine Lust …

Danke für das Interview.

Und ich gehe jetzt zum Vorspiel der Großen. Die können schon richtig gut spielen.

Oh, da komme ich auch mit …

2

Panaderos Flamencos

von Esteban Delgado

II/1

1 Lest das Interview mit der Musikschülerin.
2 Hört die Gitarrenmusik und verfolgt den Wechsel von Melodie und Akkorden. Informiert euch über das Instrument.
3 Erkundet, wo in eurer Heimat Musik gemacht wird. Besucht zum Beispiel eine Musikschule, eine Kirche mit der Orgel oder eine Chorprobe.

4

Alle Vögel sind schon da II/2

5

Toccata d-Moll

von Johann Sebastian Bach

II/3

➜ *Instrumente, S. 76/77*
➜ *Chor, S. 82*

♪ *Musikleben im Heimatort kennenlernen*

Musikschule – Gitarre

Zweistimmig singen

4 Hört den Kinderchor. Singt das Lied zweistimmig wie ein Chor.
5 Hört den gewaltigen Klang einer Orgel, des größten aller Instrumente.

Singen ist ihr Leben

1

Anna Netrebko

Libera me von Giuseppe Verdi

II/4

- hat viele berühmte Opern gesungen und CDs aufgenommen
- hat zahlreiche Preise gewonnen
- steht auf den Opernbühnen der ganzen Welt

Anna Netrebko über sich selbst:
„Ich wollte immer auf die Bühne. Es war mir sogar egal, was ich dort sein sollte, Hauptsache, ich darf auf die Bühne."

Annas Vater über sie:
„Anna war schon im Kindergarten diejenige, die beim Gesang alle anführte."

Um ihre Stimme gesund und belastbar zu halten, machen Sängerinnen oder Sänger täglich Körper-, Atem- und Stimmbildungsübungen.

2

Stimmbildungsübungen

Der Körper

Langsam am Platz laufen, immer schneller werden und zum Schluss plötzlich erstarrt stehen bleiben und die Luft anhalten. Ausatmen.

Der Atem

Einatmen durch den Mund, danach Mund schließen und durch die Nase mit einem kräftigen Laut ausblasen. Kurz anhalten und wiederholen.

Die Stimme

Alle Töne hängen an einem Faden. Mit der Hand den Bogen in der Luft nachzeichnen. Beim höchsten Ton in die Knie gehen.

1 Schaut euch die Steckbriefe der beiden Künstler an und hört, welche Musik sie machen. Vergleicht die Hörbeispiele beider Künstler miteinander.

2 Probiert die Körper-, Atem- und Stimmbildungsübungen aus.

1

Bobby McFerrin

Musette von Johann Sebastian Bach
II/5

- seine Eltern waren Opernsänger
- lernte als Jugendlicher Klarinette und Klavier spielen
- begann mit 27 Jahren seine Karriere als Sänger
- kann mit der Stimme Instrumente imitieren

Bobby McFerrin über sich selbst:
„Singen ist ein sehr wichtiger Teil meines Lebens, ich kann nicht ohne und ich glaube, es tut allen Menschen gut."
„Egal wo ich bin, und welches Publikum ich vor mir habe, sie alle machen mit und wissen, um was es geht, sie verstehen alle die gleiche Sprache."

3

Circle-song five II/6

W/M: Bobby McFerrin

→ S. 79
→ Sologesang, S. 84

Interpreten kennenlernen
Musik vergleichen
Musizieren mit der Stimme und Körperinstrumenten

3 Singt diese immer wiederkehrende Melodie mit und klatscht oder patscht in den Pausen. Zum Beispiel so: einer nach dem anderen, einer, zwei, drei, einer, alle, einer, alle …
Denkt euch auch andere Silben aus.

Tanzend durch Europa: **Irland**

1

Little Irish girl II/7

Die irische Musik verbinden wir mit typischen Instrumenten:
der Fiddle (einer volkstümlichen Geige), der Tin Whistle (einer metallenen Flöte), dem Dudelsack und auch der Harfe.
Die Harfe ist eines der ältesten Instrumente Irlands und befindet sich deshalb auch auf dem Wappen und den Münzen des Landes.
Der Stepptanz und der Line Dance sind noch heute in Irland sehr beliebt.

2

Die Tanzschritte

Kreuzschritt nach rechts

re seit – li kreuz – re seit – li ran

Wechselschritt am Platz

re - li – re – li - re – li

Kreuzschritt nach links

li seit – re kreuz – li seit – re ran

stampfen und **kicken**

li stampf – re stampf – li stampf – re kick

beim Wiederholen Drehung um 90°

Intro

stehen bleiben und in den Knien wippen

1.

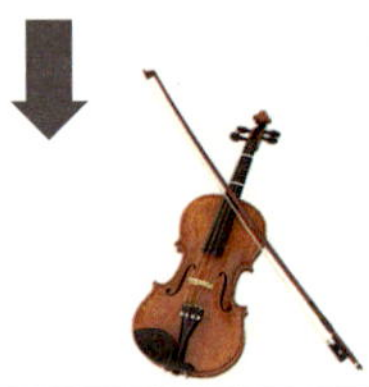

2.

3.

4.

1 Was erfahrt ihr über die irische Musik und ihre Instrumente? Hört die Musik und findet heraus, an welchen Stellen die typisch irischen Instrumente zu hören sind.

2 Schaut euch die einzelnen Tanzschritte auf den Bildern an und probiert sie aus.

3

Line Dance

Die Formation

5.	6.	7.	8.	Schluss
↓ 	← 	↑ 	→ 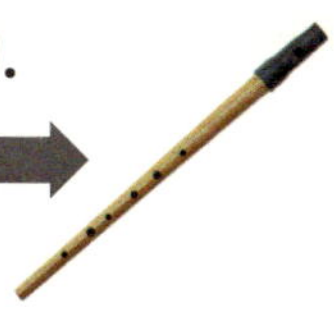 Ausgangs-stellung	stehen bleiben und in den Knien wippen, zum Schluss rechten Arm nach oben werfen

→ *Wechselschritt, Kreuzschritt, S. 81*

♪ *Kick-Schritt, Vierteldrehung Line Dance*

3 In jedem Durchgang spielen andere Instrumente – sie helfen euch beim Tanzen. Tanzt nun die Schritte immer zweimal hintereinander. Macht eine Vierteldrehung am Ende und beginnt von vorn.

Rhythmus überall

1

Geräusche-Rätsel II/8

Stomp im Klassenzimmer

2

Washing up Stomp von Craig Riley II/9

Das Wort „stomp“ bedeutet „Krach“ machen.

Auftritt der Percussion-Band Stomp im Deutschen Theater in München

1 Hört die Geräusche und schaut euch dabei die Bilder an. Findet die richtige Reihenfolge. Sammelt weitere Alltagsgegenstände.

2 Hört die Musik und findet heraus, welche Alltagsgegenstände hier zum Musizieren verwendet wurden.

Experimentieren mit Klängen und Geräuschen

3

Diese Gegenstände finden sich in eurem Klassenzimmer.
Auch mit ihnen kann man Musik machen.

Sch ______________________________ !

wumm bumm

klapp, und noch mal

dong di - gi dong dong

klick klick klick klick klick klick klack

Nun ist a - ber Schluss!

Alltagsgeräusche erkennen

Rhythmen erfinden und musizieren

3 Übt die einzelnen Teile erst getrennt, dann nacheinander und am Ende gleichzeitig. Achtet auf den gemeinsamen Schluss. Bildet Gruppen und erfindet nun selbst Rhythmen mit Alltagsgegenständen.

Auf zum Planeten Beta

1

Wir fliegen durch das Weltenall II/10, 11 W: Klaus Sailer · M: Helmut Maschke

2

Ein Raumschiff startet zum Flug auf den Planeten Beta.

3

Immer wieder senden die Piloten ihre Signale ins All.

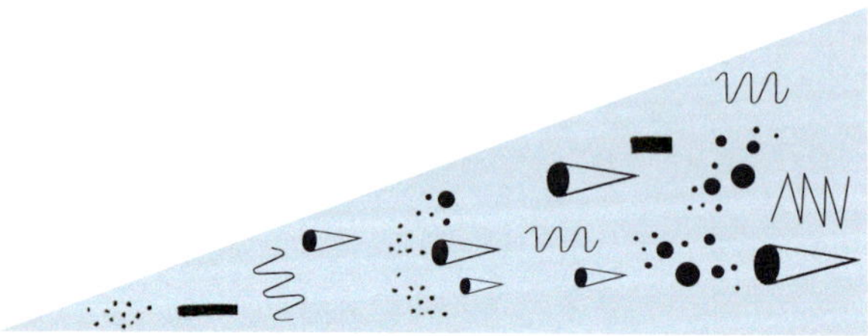

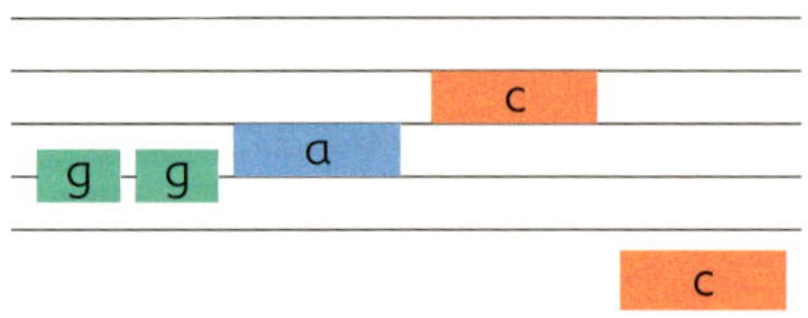

1 Begebt euch im Spiel auf eine abenteuerliche Reise mit dem Raumschiff. Singt das Lied von der Reise zu den Sternen.
2 Gestaltet den Start des Raumschiffs mit Klängen und Geräuschen.
3 Sendet Signale in das All. Erfindet ein eigenes Signal und schreibt es auf.

2. Durch den Gürtel zischen wir dunkler Astroiden,
   Kometenstaub erwischen wir, ihren Schweif durchfliegend.
3. Jupiter umbrausen wir, zwischen Monden schweifend,
   zum Saturn hin sausen wir, seine Ringe streifend.
4. Uranus entschwinden wir, Sonnenwind uns treibend,
   Neptun, Pluto finden wir kalt im Orbit schweigend.
5. Allbewohner, wo seid ihr? Wollen von euch lernen.
   Neue Freunde suchen wir zwischen fremden Sternen.

4

Errata von Bill Laswell II/12

Auweia! Ein Meteorit hat das Raumschiff gestreift.
Die Astronauten schnallen sich an und verlassen das Raumschiff.
Schwerelos bewegen sie sich im All und reparieren den Schaden.

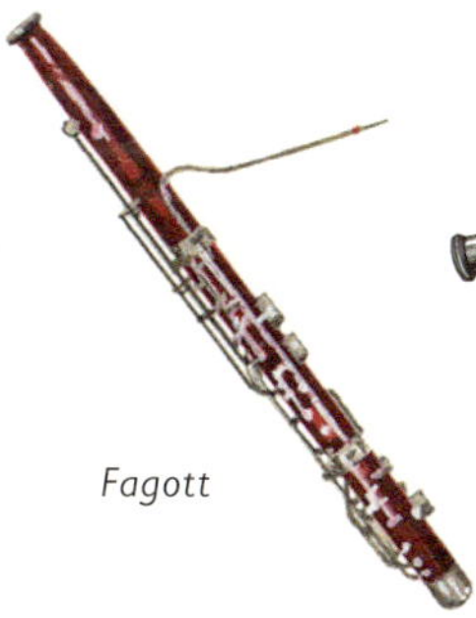

Fagott

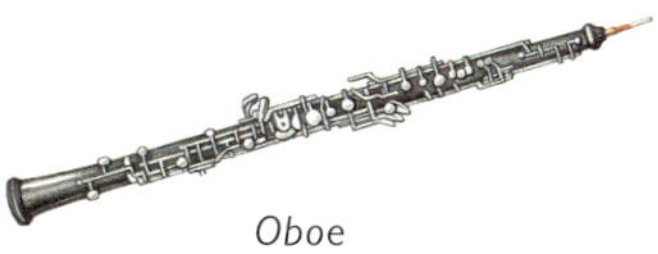

Oboe

5

Der Planet Beta ist erreicht.
Vorsichtig verlassen die Astronauten das Raumschiff.
Die Bewohner des Planeten kommen ängstlich näher. Allmählich verlieren die Betajaner ihre Scheu.
Man verständigt sich mit fünf Tönen.

Wild signals von John Williams
II/13

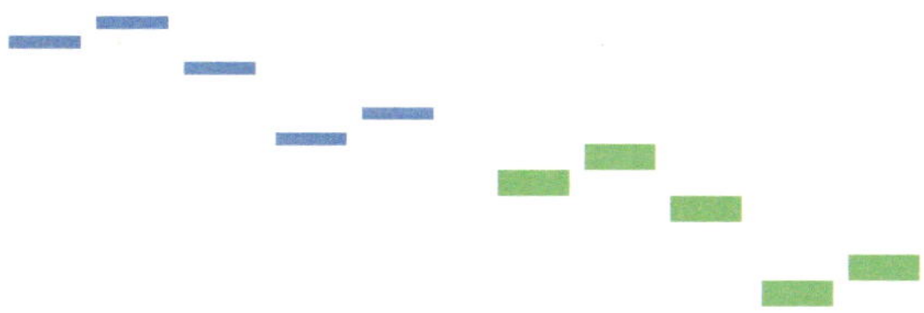

→ *Instrumente, S. 76/77*
♪ *Spielen mit Musik: Singen, Musizieren, Bewegen zur Musik*

4 Spielt diese Szene. Bewegt euch so, als wäret ihr schwerelos.
5 Stellt zu zweit die Begegnung zwischen Astronaut und Betajaner szenisch zur Musik dar. Beachtet dabei das „Gespräch“ zwischen Oboe (Astronaut) und Fagott (Betajaner).

Beethoven und die Wut

Ludwig van Beethoven lebte vor ungefähr 200 Jahren und war der berühmteste Komponist seiner Zeit.
Wie ist er wohl auf die Ideen für seine Kompositionen gekommen?
Als er einmal zur Kur in Teplitz war, könnte sich die Geschichte vom verlorenen Groschen so zugetragen haben:

1/2

1 Lest und betrachtet die Comicgeschichte.

2 Spielt die Geschichte als Szene, verwendet die Musik.

3

Die Wut über den verlorenen Groschen von Ludwig van Beethoven II/14

Rondo

A	B	A	C	A	B	A	D	A'	A	B	A'

4

A-Teil

W: Sonja Hoffmann

➜ L. v. Beethoven, S. 71
➜ Rondo, S. 84

Einen Komponisten kennenlernen

Ein Rondo hören und seine Form verfolgen

3 Hört die Musik und überlegt, ob die Musik zum Titel passt. Verfolgt den Verlauf. Im Rondo wiederholt sich ein Teil mehrfach. Zweimal klingt er auch etwas anders.
4 Sprecht oder singt die Melodie aus Beethovens Musik – zuerst langsam, dann sehr schnell.

Manege frei!

1

Einzug der Artisten

Einzug der Gladiatoren
von Julius Fučík
II/15

2

Vorhang auf! II/16

W/M: Helmut Maschke

1 Heute wird unser Musikzimmer eine Zirkusarena! Betretet sie feierlich mit der Einzugsmusik.
2 Singt zur Eröffnung gemeinsam die erste Strophe des Liedes. Musiziert dazu mit Körperinstrumenten.
3 Erfindet eine lustige Clowns-Nummer. Achtet darauf, nicht zu sprechen. Bezieht auch das Publikum ein.

Eine Zirkusvorstellung gestalten

3

Die Clowns

Mio Mio von Zirkus Roncalli II/17

4

Die Seiltänzerin

Kinderzirkus von Jan Koetsier II/18

5

Ball-Artisten

Jeux d'enfants
von Cirque du soleil II/19

6

Vorhang zu! II/16

2. Vorhang zu! Vorhang zu! Vorhang zu,
denn unsre Show, die gibt jetzt endlich Ruh.
Es ist aus! Es ist aus! Es ist aus
und alle Leute gehn nach Haus.

Hoffentlich hat's euch gefallen
und es hat euch Spaß gemacht?
Herzlich danken wir euch allen,
wünschen eine gute Nacht!
Vorhang zu! Vorhang zu! …

Eine Zirkusvorstellung gestalten
Ein Zirkuslied singen
Auf Melodieinstrumenten musizieren
Sich zur Musik bewegen

4 Bewegt euch zur Musik wie eine Seiltänzerin. Nutzt dazu ein Seil, das ihr auf den Boden legt.
5 Gestaltet zur Musik eine Präsentation mit Bällen. Ihr könnt werfen, rollen, weitergeben oder auch jonglieren. Achtet auf die verschiedenen Abschnitte und das Tempo in der Musik.
6 Singt zum Abschluss des Programms die zweite Strophe des Liedes.

Peter und der Wolf

1

Vorstellung der Personen von Sergej Prokofjew
II/20

2

Der Streit II/21

3

Der Wolf kommt II/22

1 Ordnet den Hauptpersonen die passenden Instrumente zu. Warum wählt der Komponist genau diese Instrumente aus? Findet treffende Adjektive zu den einzelnen Melodien.

2 Hört heraus, welche zwei Tiere sich hier streiten. Malt ein Bild zur Szene.

3 Gestaltet den Wolf musikalisch. Nutzt dazu Instrumente, Geräusche oder die Stimme. Vergleicht anschließend mit Prokofjews Musik. Was stellt ihr fest?

4

Peter fängt den Wolf II/23

5

Der Triumphzug II/24

Peter läuft vorneweg, hinter ihm die Jäger mit dem grauen Wolf.
Zum Schluss der Großvater mit der Katze.

→ S. Prokofjew, S. 73
→ Musikalisches Märchen, S. 83
Orchesterinstrumente kennenlernen

4 Spielt diese Szene des Märchens zur Musik in Gruppen nach.
5 Was wäre passiert, wenn Peter den Wolf nicht gefangen hätte? Überlegt euch ein anderes Ende zur Geschichte.

Tanzend durch Europa: **Italien**

1

Tarantella Scatenata II/25

Eine Tarantella ist ein sehr schneller Volkstanz aus dem Süden Italiens. Man sagt, dass er nach einer Spinne benannt wurde – der Tarantel. Wer von ihr gebissen wurde, musste so schnell tanzen, wie er konnte, um das Gift aus dem Körper zu treiben. Diese Musik wird auch heute noch oft mit der Mandoline oder Gitarre, einer Hirtenflöte (Friscalettu) und einer Maultrommel (Marranzanu) gespielt.

2 / **3**

Aufstellung: 2 Paare stehen sich gegenüber

Teil A

- Schlusssprung mit beiden Beinen
- Sprung diagonal nach vorn mit rechts
- Schlusssprung mit beiden Beinen
- Sprung diagonal nach vorn mit links
- am Platz laufen und dabei Fersen hochwerfen und damit wieder zurück an den Ausgangspunkt kommen
- das Ganze von vorn

Teil B

- jedes Paar geht 4 Schritte aufeinander zu
- 4 x gegenseitig in die Hände klatschen
- 4 Schritte voneinander weg gehen
- 3 x in die eigenen Hände klatschen
- das Ganze von vorn

Wiederholung

1 Hört die Musik und verfolgt den Verlauf.
In welchem Teil erklingt die Maultrommel?

Tarantella

Teil C

- 1. Paar reicht sich rechte Hand und wechselt in 8 Schritten den Platz, das 2. Paar steht am Platz und klatscht dazu
- nun wechselt das 2. Paar den Platz, das 1. Paar steht und klatscht
- 1. Paar: dos à dos
- 2. Paar: dos à dos

Schluss: wie Teil A

ganz am Schluss die Arme hochwerfen

A	A	B	C	A	A	A	B	C	A	A	A	B	C	A

2 Bildet Vierergruppen und probiert die einzelnen Teile des Tanzes aus.
3 Tanzt nun alle Teile zur Musik. Beachtet dabei, dass es kein Vorspiel gibt! Alle Schritte werden gesprungen; der Tanz ist beschwingt und fröhlich.

→ *dos à dos, S. 81*
♪ *Schlusssprung*

Musik in den Alpen

Die Alpen – ein großes Gebirge mit hohen Bergen und glasklaren Seen. Hier im Süden Deutschlands, in Österreich und in der Schweiz sind ganz außergewöhnliche Musiktraditionen zu Hause.
Die großen Alphörner kann man bis zu 10 km weit hören. Das Jodeln ist eine nicht ganz einfache Art des Singens. Und das Tanzen eines Schuhplattlers will auch gelernt sein.

1

Alphorn II/26

2

Jodeln II/27

Ho - la - di - jodl - la - di
Hol - la - ro - dü - rü
Hol - le - rö - dö - du - del - dö
Hol - la - di - ho
Hol - la - di - hia - ho

Schuhplattler-Tanz
bei einem Fest in Ruhpolding (Bayern)

3

Thomas Jüüzli von Hans Kennel II/28

1 Hört euch den Klang der Alphörner an.
2 Hört, wie Stimmen beim Jodeln klingen. Sprecht die Jodelsilben, zuerst langsam, dann ganz schnell.
Versucht, sie zu singen mit ganz tiefen und ganz hohen Tönen.
3 Erkennt in der Musik die drei typischen Musizierweisen der Alpenländer wieder.

4

Vo Luzern auf Wäggis zue II/29

W/M: Volksweise

2. Fahr im Schiffli übern See,
   um die schönen Maidi z'seh.

Übersetzung:

1. *Von Luzern auf Weggis* zu*
   braucht man weder Strümpf noch Schuh.
2. *Fahr im Schiffe übern See,*
   um die schönen Mädchen zu sehn.

* Luzern und Weggis sind Orte am Vierwaldstätter See in der Schweiz

5

Schuhplatteln im Kreis

4 Singt das Lied in Schwyzerdütsch mit Jodelsilben.
5 Gestaltet einen Schuhplattler-Tanz zum Lied. Probiert auch andere Rhythmen.

→ *Instrumente, S. 76/77*

Musikalische Alpentraditionen kennenlernen
Singen und jodeln
Schuhplattler tanzen

Unter Wasser

1

Am Korallenriff II/30, 31

W/M: Sonja Hoffmann

2. Dort huscht die Muräne, und ein Barsch zeigt die Zähne.
   Languste und Hai schwimmen an uns vorbei.
3. Die Seeanemonen, wo die Clownfische wohnen,
   Seeigel, Seestern, alle sehen wir gern.

2

Iara von Ney Rosauro II/32

1 Singt das Lied. Übt eine zweite Stimme dazu.

2 Hört die Musik und verfolgt sie. Erkennt die verschiedenen Schlaginstrumente. Überlegt, was für eine Unterwasser-Geschichte die Musik erzählen könnte.

Zweistimmig singen

3

4

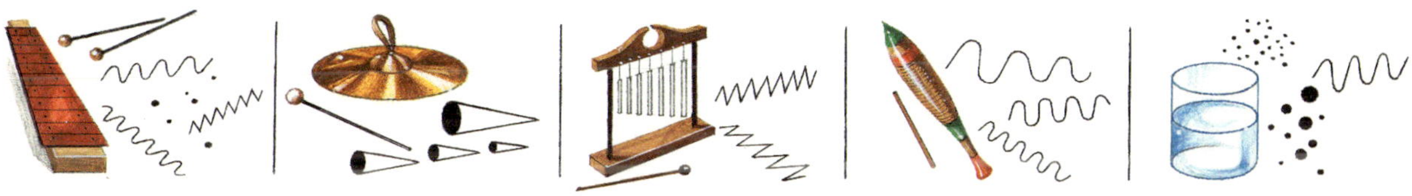

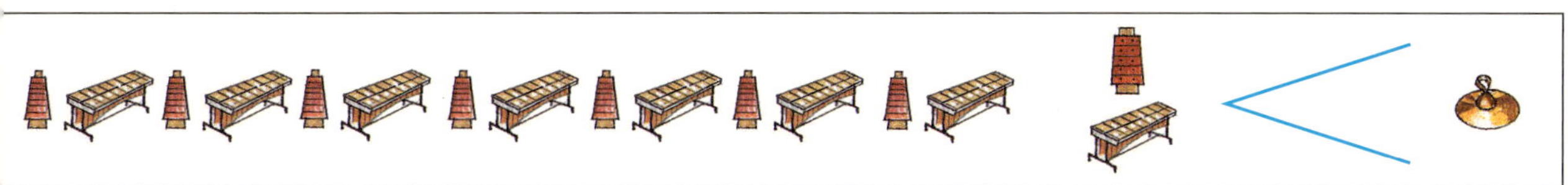

3 Gestaltet eure Unterwasser-Geschichte zur Musik. Schneidet dafür Fischfiguren aus Pappe aus. Gestaltet den Hintergrund wie den Blick aus dem Fenster eines U-Bootes.

4 Denkt euch ein eigenes Klangspiel aus. Schreibt es auf und spielt es.

→ *Instrumente, S. 76/77*

♪ *Zweistimmig singen*
Musik hören und szenisch umsetzen

Sommerzeit ist Reisezeit

Die Sommerferien sind nah. Mit der Eisenbahn kann man bequem reisen und die Aussicht auf die schöne Landschaft genießen.
Am Ziel angekommen, beginnen endlich die Ferien!

1

Steam engine von Patrick Doyle II/33

1 Verfolgt die Bilder und hört dazu die Musik. Wie viele verschiedene Teile gibt es in dem Stück?
Musiziert in Gruppen zur Musik. Orientiert euch an den Kästchen.
Gestaltet die Ankunft am Bahnhof mit eurer Stimme und anderen typischen Geräuschen.

Zur Musik spielen

2

Grußkanon II/34, 35 W/M: Uli Führe

→ *Kanon, S. 82*

Teile in der Musik erkennen und dazu musizieren

Kanon singen und begleiten

2 Singt zuerst jeden Abschnitt des Liedes und macht dazu die Begrüßungsgesten. Versucht dann die Abschnitte nacheinander zu singen und zum Schluss das ganze Lied. Schafft ihr es auch als Kanon?

Zu Hause in Europa

Kein schöner Land

W/M: Wilhelm von Zuccalmaglio

2. Da haben wir so manche Stund
gesessen all in froher Rund
und taten singen, die Lieder klingen
im Eichengrund.

3. Dass wir uns hier in diesem Tal
noch treffen so viel hundertmal:
Gott mag es schenken, Gott mag es lenken,
er hat die Gnad.

4. Jetzt, Brüder, eine gute Nacht,
der Herr im hohen Himmel wacht,
in seiner Güte, uns zu behüten,
ist er bedacht.

Shake the apple tree *(Schüttelt den Apfelbaum)*

W/M: aus England

Mon Papa *(Mein Papa)*

W/M: aus Frankreich
deutscher Text: Sonja Hoffmann

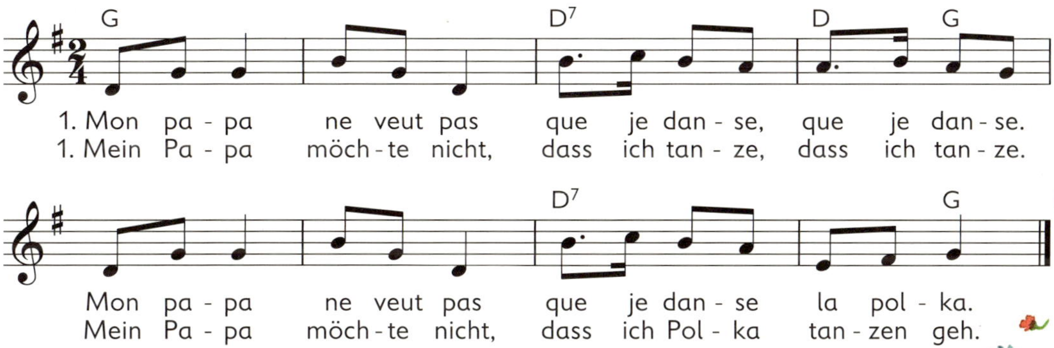

2. Mais malgré so défense,
   moi je danse, moi je danse.
   Mais malgré so défense,
   moi je danse la polka!

2. *Und obwohl er's nicht will,*
   geh ich tanzen, geh ich tanzen.
   Und obwohl er's nicht will,
   geh ich tanzen, halt nicht still.

Hej, schnelles Wasser

W/M: aus Polen
deutsche Worte: Margarethe Jehn

2. Ruht er sich aus dort unten den Bäumen, laufe und such mir den Janicka,
   sag ihm ins Ohr, er soll von mir träumen, laufe und such mir den Janicka.

3. Sag mir, ist er ins Dorf wohl gegangen, laufe und such mir den Janicka,
   lässt sich von einer andern einfangen, laufe und such mir den Janicka.

4. Hej für die Schäfchen, hej für die Böckchen, laufe und such mir den Janicka,
   finde ich ihn, klopf ich ihm das Röckchen, laufe und such mir den Janicka.

*bystra wodzicka = schnelles Wässerchen

Frühling, Sommer, Herbst und Winter

Alle Vögel sind schon da

W: Heinrich Hoffmann von Fallersleben · M: überliefert

2. Wie sie alle lustig sind,
flink und froh sich regen.
Amsel, Drossel, Fing und Star
und die ganze Vogelschar
wünschen dir ein frohes Jahr,
lauter Heil und Segen.

3. Was sie uns verkünden nun,
nehmen wir zu Herzen.
Wir auch wollen lustig sein,
lustig wie die Vögelein,
hier und dort, feldaus, feldein,
singen, springen, scherzen!

Lachend kommt der Sommer

W/M: Cesar Bresgen

Wenn die wilden Winde stürmen

W/M: Christa Zeuch

2. Trägt die schönsten bunten Schleifen fröhlich flatternd im Haar,
küsst die Früchte, dass sie reifen, ruft der Zugvogelschar.
Dann beginnt der Herbst den lustigen Blätterwirbeltanz.
Heiter schunkeln nun die Bäume, tragen farbigen Glanz.

3. Hat das Jahr genug vom Tanzen, streift sein Tanzkleid es ab.
Alles Bunt fällt von den Pflanzen auf die Erde hinab.
Dann beginnt der Herbst sein allerletztes Stückchen Weg,
geht durch weite Nebelfelder, schleppt sich müde und träg.

Der Winter

W/M: Egon Ziesmann

2. Der Winter kommt mit Eis und Schnee,
er lässt die Menschen frieren.
Die Nase im Gesicht wird rot,
gehn wir im Wald spazieren.
Wir reiben uns die Hände,
reiben uns die Hände,
was für eine Kälte!
Wer war das nur, der dieses Eis
und diesen Frost bestellte?

Für besondere Tage

Alle Jahre wieder

W: Wilhelm Hay · M: Friedrich Silcher

2. Kehrt mit seinem Segen
ein in jedes Haus,
geht auf allen Wegen
mit uns ein und aus.

3. Steht auch mir zur Seite
still und unerkannt,
dass es treu mich leite
an der lieben Hand.

Singen wir im Schein der Kerzen I/19

W/M: Lorenz Maierhofer

2. In der Küche wird gebacken und geschmückt das ganze Haus,
im Geschäft ist ein Gedränge, ja, man sucht Geschenke aus.

3. Und der Schein wird immer heller, Licht im Dunkel dieser Zeit,
viele Kinderaugen leuchten, ja, das Fest ist nicht mehr weit.

Mit Haut und Haar (Kanon)

W/M: Uli Führe

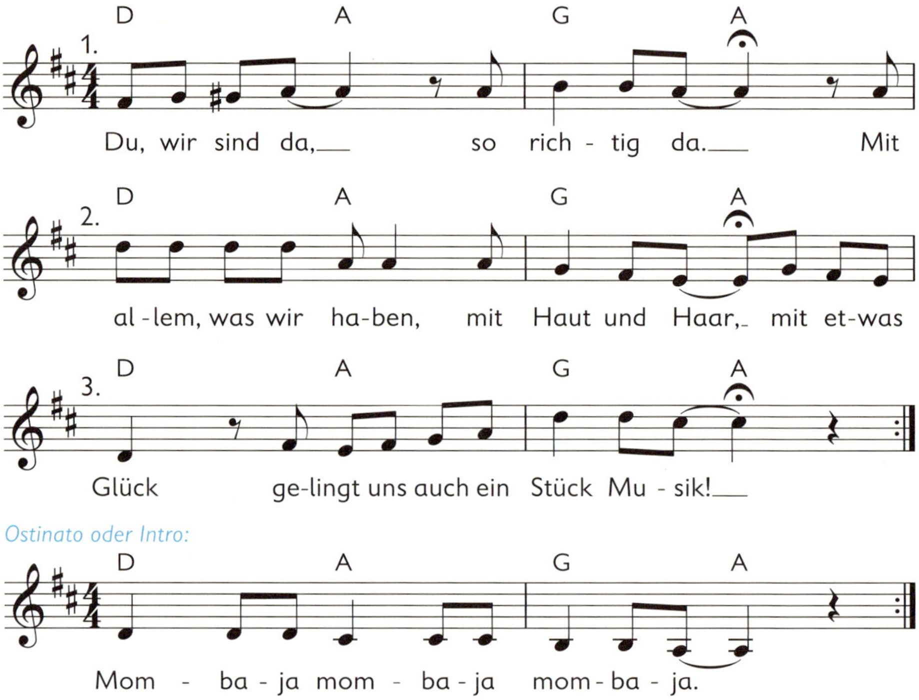

Ich schenk dir einen Regenbogen II/36

W/M: Dorothée Kreusch-Jacob

3. Ich schenk dir eine weiße Wolke hoch am Himmel dort. Ich wünsch dir was! Was ist denn das? Es ist ein Zauberwort.

4. Ich schenk dir einen Kieselstein, den ich am Wege fand. Ich wünsch dir was! Was ist denn das? Ich schreib's in deine Hand.

5. Ich schenk dir einen Luftballon. Er schwebt ganz leicht empor. Ich wünsch dir was! Was ist denn das? Ich sag's dir leis ins Ohr!

6. Ich schenke dir ein Kuchenherz, drauf steht: „Ich mag dich so!" Ich wünsch dir was! Was ist denn das? Jetzt weißt du's sowieso!

Die Ferien sind da

W/M: Fredi Jirovec

2. A, B, C, ich lauf zum Badesee,
D, E, F, wo ich die Freunde treff.
G bis X, die Zeit vergeht wie nix,
Ypsilon, Z, heut geh ich spät ins Bett!
Auf die Plätze, fertig, los!

Lustiges für zwischendurch

Die coole Bongo-Disco in der Coco-Bar

W/M: Fredi Jirovec

2. Schimpansen-Lola sprayt ihr Fell in Gelb, Orange und Blau,
die Orang-Utan-Teenies proben für die Modenschau.
Big Jumbo ist als DJ unser Superstar,
es fetzen heiße Rhythmen in der Coco-Bar!

3. Es rappen sich Giraffen weg, dass es nicht schärfer geht,
die coole Kroko-Lady kreischt, dass sie auf Techno steht.
Ja, alle sind in Stimmung, und der Grund ist klar:
Es steigt die Mega-Party in der Coco-Bar!

Kuckuck und Hai

W: überliefert · M: Werner Beidinger

Baby Hai

W/M: Wolfgang Hering
(nach einem englischen Sprechvers)

1. Baby Hai, dum dum, dum dum ba dum. → *Daumen und Zeigefinger klappen gegeneinander*
2. Kleiner Hai, dum dum, dum dum ba dum. → *beide Handflächen schlagen gegeneinander*
3. Großer Hai, dum dum, dum dum ba dum. → *beide Arme klatschen großflächig gegeneinander*
4. Mädchen schwimmt, dum dum, dum dum ba dum. → *Schwimmbewegungen*
5. Großer Hai, dum dum, dum dum ba dum. → *beide Arme klatschen großflächig gegeneinander*
6. Mädchen staunt, dum dum, dum dum ba dum. → *zwei Augenpaare mit Daumen und Zeigefinger formen*
7. Hai beißt zu, dum dum, dum dum ba dum. → *beide Arme klatschen großflächig gegeneinander, ganz schnell*
8. Beißt vorbei, dum dum, dum dum ba dum. → *zuschnappen*
9. Blöder Hai, dum dum, dum dum ba dum. → *an die Stirn tippen*

Georg Friedrich Händel

zwischen Halle und London

1685–1759

1 Der kleine Friedrich schleicht sich, sooft er kann, in die Gaststube des Vaters, um den Musikern zuzuhören.

2 Sein Vater Georg verbietet es ihm immer wieder. Er will nicht, dass sein Sohn sich mit so Unnützem wie Musik beschäftigt.

3 Die Mutter und Tante Anna schenken Friedrich heimlich ein Klavichord zum Geburtstag. Er ist selig und spielt sogar heimlich in der Nacht auf dem Dachboden – bis er vom Vater entdeckt wird.

4 Vater Georg muss zum Herzog nach Weißenfels reisen, und Friedrich will unbedingt mit. Dort gibt es eine Orgel. Der Achtjährige spielt so schön darauf, dass der Herzog ganz begeistert ist.

5 Nun endlich lässt Vater Georg seinem Sohn Musikunterricht erteilen. Er lernt, auf dem Cembalo und der Orgel zu spielen und zu dirigieren.

6 Friedrich wurde ein weltberühmter Komponist. Er schrieb viele Opern und Musik für Orchester. Die zweite Hälfte seines Lebens verbrachte er in London, wo er auch die berühmte Wassermusik komponierte.

Ludwig van Beethoven,
ein neuer Mozart?
1770–1827

1 Vater und Großvater von Ludwig sind Musiker, und so hat der Kleine schon frühzeitig viel Freude an Musik.

2 Als die Familie in eine größere Wohnung zieht, spielt Ludwig zur Freude der Leute auf der Kutsche Klavier.

3 Ludwig lernt bei seinem Vater Klavier und Violine spielen. Der Vater ist sehr streng, denn er will, dass sein Sohn ein Wunderkind wird, so wie Mozart.

4 Als er sieben Jahre alt ist, gibt er ein Konzert beim Kurfürsten. Er bekommt tosenden Beifall.

5 Ludwig bekommt einen neuen Lehrer, bei dem ihm der Unterricht wieder mehr Spaß macht. Mit 12 Jahren schreibt er seine erste Kompositionen.

6 Der erwachsene Beethoven lebt in Wien. Er ist verzweifelt, weil er immer schlechter hören kann. Trotzdem komponiert er weiter, denn er kann die Töne auch denken.

Peter Tschaikowski

und die russische Brieffreundschaft 1840–1893

1 Peter bekommt als Kind Klavierunterricht, das ist so üblich in den besseren Familien. Er ist nicht besonders begabt, aber spielt gerne.

2 Später arbeitet er zunächst als Beamter im Finanzministerium, beschäftigt sich aber viel mit Musik.

3 Doch schon bald wechselt er seinen Beruf und arbeitet als Lehrer am Moskauer Konservatorium, einer Musikschule. Hier beginnt er zu komponieren.

4 Sein Direktor Anton Rubinstein lässt seine Kompositionen aufführen. Eines Tages spielt er der reichen Witwe Frau von Meck eine Komposition Tschaikowskis vor.

5 Frau von Meck ist sehr ergriffen von dieser Musik und beschließt, Tschaikowski zu schreiben.

6 Tschaikowski antwortet, und es entwickelt sich eine lebenslange Brieffreundschaft. Sie unterstützt ihn und organisiert Konzerte für ihn. So wurde seine Musik weltberühmt.

Sergej Prokofjew,
ein russisches Wunderkind
1891–1953

1 Vor dem Einschlafen spielt Sergejs Mutter dem Dreijährigen oft auf dem Klavier vor. Sergej klatscht vor Freude und summt leise mit.

2 Als Sergej fünf Jahre alt ist, spielt er mit einem Finger auf dem Klavier Töne. So findet er eigene Melodien.

3 Seine Mutter gibt ihm nun Klavierunterricht. Schnell versteht er, wie man Noten liest. Jetzt kann er seine Melodien auch alleine aufschreiben.

4 Mit acht Jahren nimmt ihn die Mutter mit zu einer Opernaufführung. Sergej beschließt, eine eigene Oper zu schreiben. Er nennt sie „Der Riese“.

5 Als Dreizehnjähriger fährt er mit der Mutter zur Aufnahmeprüfung nach St. Petersburg. Er will Musik studieren. Die Professoren staunen über seine neuartige, ungewohnte Musik.

6 Prokofjew reist durch die Welt. Seine Musik wird immer beliebter. Zurück in der Heimat komponiert er das musikalische Märchen „Peter und der Wolf“.

Unsere Musikinstrumente

- Klanghölzer
- Rahmentrommel
- Triangel
- Holzblocktrommel
- Röhrenholztrommel
- Päuklein
- Schellenring
- Becken mit Schlägel
- Kugelrassel
- Regenstab
- Lotosflöte
- Guiro
- Metallofon
- Glockenspiel
- Xylofon
- Klangstäbe
- Bassklangstäbe
- Chicken Shake
- Zimbeln
- Glockenkranz
- Bar Chimes
- Cowbell (Kuhglocke)

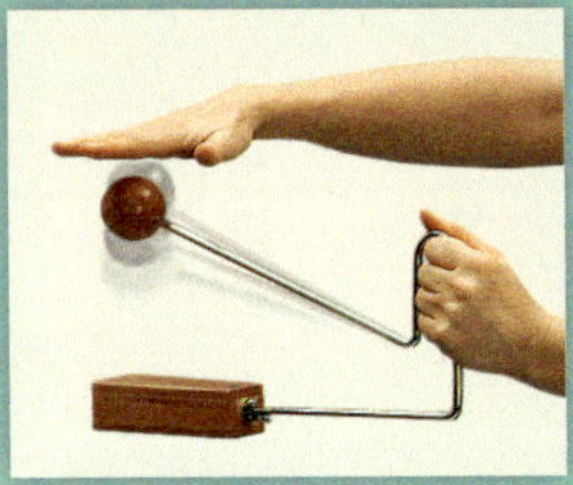
Vibraslap

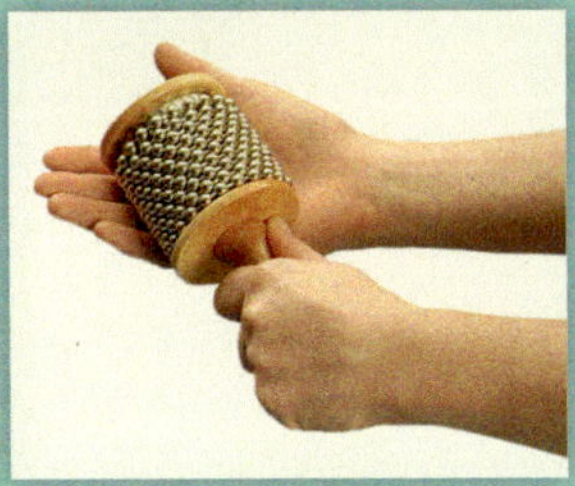
Cabasa

Fingerzimbeln

Knarre

Die Boomwhacker kennst du bereits. Es sind bunte, nach der Größe geordnete Plastikröhren.

Du kannst sie an verschiedenen Körperstellen spielen.

einzelne Töne

Wechseltöne

Zweiklang

Vier Arten der Klangerzeugung

Selbstklinger

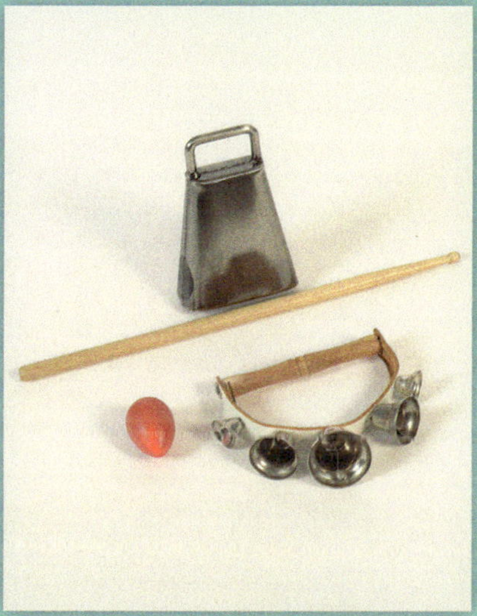

Das Instrument selbst klingt.

Fellklinger

Ein gespanntes Fell wird zum Klingen gebracht.

Luftklinger

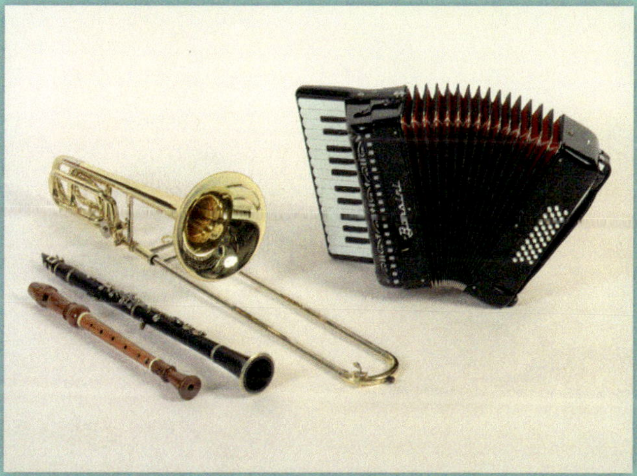

Es wird Luft in Schwingung gebracht und erzeugt so den Klang.

Saitenklinger

Saiten werden geschlagen, gezupft oder gestrichen und so zum Klingen gebracht.

Musikinstrumente stellen sich vor

Du kennst bereits:
Gitarre, Violine, Klavier, Blockflöte, Kontrabass, Querflöte, Klarinette, Trompete, Cembalo, Orchester

Diese Instrumente lernst du nun kennen:

Violoncello

Saxofon

Oboe

Pauke

Tuba

Posaune

Synthesizer

Piccoloflöte

Waldhorn

Fagott

Akkordeon

Orgel

Diese Instrumente erzeugen besondere Klänge, die in der Natur vorkommen oder z.B. eine besonders gefährliche Stimmung schaffen können.

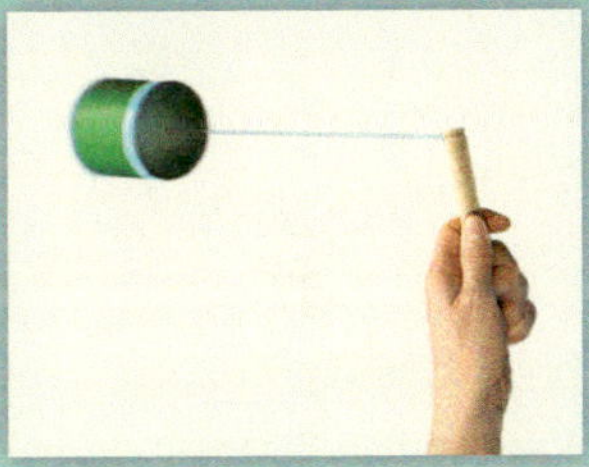

Waldteufel

Alphorn

Vibrafon

Musik braucht gute Ohren

1/2 II/37, 38

Unsere Ohren können hören: Geräusche, Klänge und Töne – laute und leise, hohe und tiefe.
Was wir hören, sind Schwingungen.
Gemessen werden sie in der Maßeinheit **Hertz**.
16 Hertz = 16 Schwingungen in der Sekunde. Menschen können Schwingungen wahrnehmen zwischen 16 und 19.000 Hertz.
Menschliche Ohren können taub werden, wenn sie dauernd großer Lautstärke ausgesetzt sind.

Überlegt, wo euch schon einmal die Ohren wehgetan haben, weil es zu laut war.

3

Ein Ohren-Spiel

Ein Kind verlässt kurz das Zimmer.
Die anderen verstecken einen Gegenstand.
Das Kind kommt wieder herein und muss den Gegenstand suchen.
Die anderen helfen beim Suchen mit dem Spiel auf den Instrumenten:
leise = weit entfernt, laut = nahe.

1 Trainiert eure Ohren. Spielt „Stille Post“ mit geflüsterten Wörtern, aber auch mit ganz leisen Tönen.
2 Testet, welches der höchste und welches der leiseste Ton ist, den ihr hören könnt.
3 Spielt das Ohren-Spiel mit verschiedenen Lautstärken auf den Instrumenten.

Musik braucht gute Stimmen

Unsere Stimmen sind wahre Alleskönner.
Wir können mit ihnen reden, rufen, schreien, murmeln, plappern, plaudern, schwatzen, kichern, lachen, weinen, klagen, jammern … und **singen**.
Dauerndes Schreien kann die Stimme krank machen.
Sie klingt dann heiser oder rau oder tonlos.
Es ist gut, vor dem Singen die Stimme zu erwärmen mit Lockerungsübungen für Körper, Atmung und Stimme.

Wie entsteht die Stimme?
In unserem Hals befindet sich der Kehlkopf. Man kann ihn mit den Fingern am Hals ertasten. Im Kehlkopf sind Stimmlippen angeordnet, die durch unsere Ausatemluft in Schwingung versetzt werden.

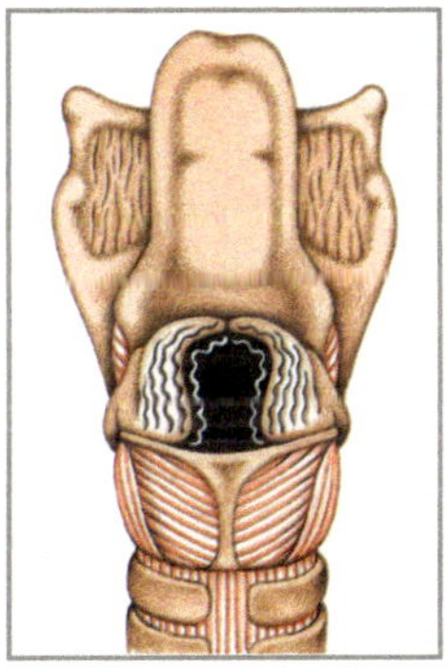

Vollschwingung

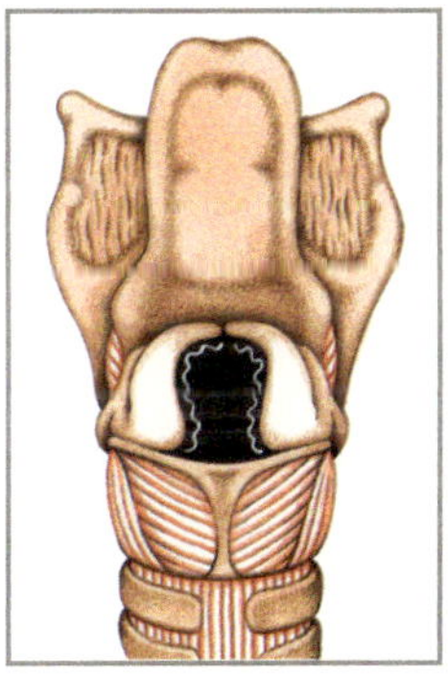

Randschwingung

1 II/39, 40

Bei tiefen Tönen schwingen die Stimmlippen vollständig. Bei hohen Tönen schwingen nur die Ränder der Stimmlippen.
Das Singen erfordert die Randschwingung der Stimmlippen. Man kann sie trainieren, zum Beispiel, indem man hohe Töne durch ein Kazoo singt.

2

Bau eines Kazoos

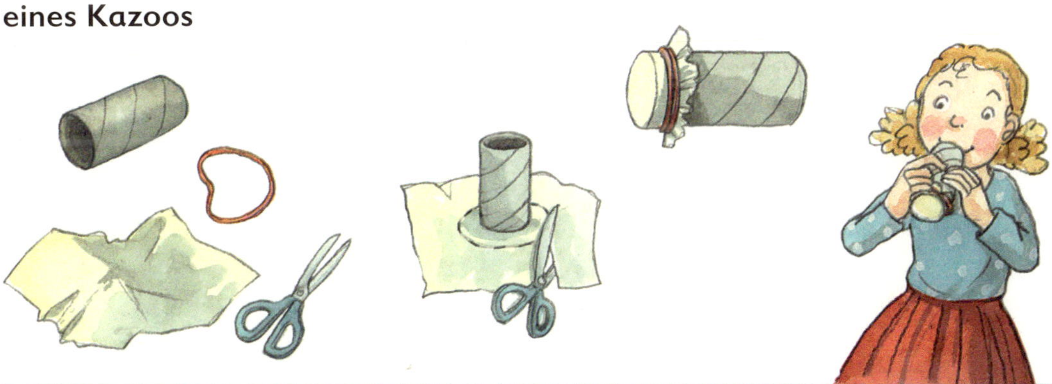

1 Testet eure Stimmen. Singt die Tonreihe auf der CD mit. Hört auf, wenn ihr die Töne nicht mehr schafft. Wie hoch und wie tief könnt ihr singen?

2 Baut ein Kazoo und singt hinein. Ihr werdet staunen, was für hohe Töne ihr damit erzeugen könnt.

Zur Musik tanzen

Tanzaufstellungen

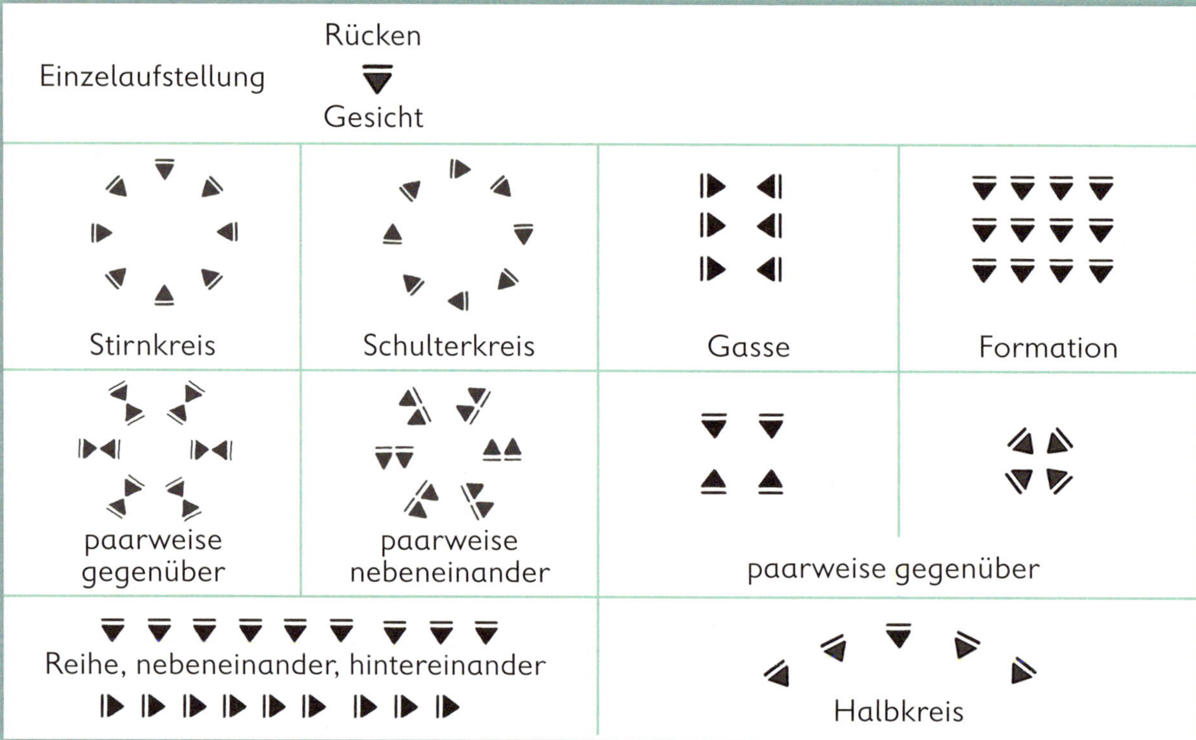

Fassungen

Kreisfassung

Zweihandfassung

Schulterfassung

Hüftstütz

Radfassung

offene Fassung

Schrittarten

Nachstellschritt

re seit – li ran – re seit – li ran

Seitgalopp (hüpfen! lang – kurz)

re seit – li ran – re seit – li ran

Kreuzschritt

re seit – li kreuz – re seit – li ran

Wiegeschritt

Kick

re seit – li kick – li seit – re kick

Tipp

re seit – li tipp – li seit – re tipp

Hüpfschritt

li hüpf
re Bein hoch

re hüpf
li Bein hoch

Wechselschritt

re - li – re – li - re – li

Stampfschritt

re stampf li stampf

halbe Drehung

halbe Drehung
um die eigene Achse

dos à dos

vier Schritte
vom Punkt aus
vorwärts,
und
vier Schritte
rückwärts
wieder
zum Punkt

Minilexikon – Was wir über Musik wissen

Akkord Mehrere Töne erklingen gleichzeitig. Mit Akkorden kann man zum Beispiel ein Lied begleiten.

Ballett Hier wird eine Geschichte nicht mit Worten erzählt, sondern mit kunstvollem Tanz zur Musik.

Bauformen in der Musik Musik besteht oft aus mehreren Teilen.
Dabei gibt es → Wiederholungen, → Veränderungen oder → Gegensätze.
Eine besondere Bauform ist das → Rondo.
Bei Liedern heißen die Teile → Strophe und → Refrain.

Chor In einem Chor singen viele gemeinsam. Es gibt Kinderchöre, Frauenchöre, Männerchöre und Chöre für Männer und Frauen.

Duett Beim Duett singen oder musizieren zwei gemeinsam.

Gegensatz Ein musikalischer Teil klingt ganz anders als ein anderer (A B).

Gefühle Musik kann wie kaum eine andere Kunst die unterschiedlichsten Gefühle und Stimmungen ausdrücken.
Sie kann zum Beispiel fröhlich oder traurig, aufmunternd oder beruhigend klingen.
Gefühle und Stimmungen entstehen durch Unterschiede in → Lautstärke, → Tempo, → Klangfarbe und → Melodie.

Grundschlag Man hört ihn nicht, aber er ist immer da. Er durchdringt und ordnet wie ein gleichmäßiger Puls den Rhythmus.

Grundton Das ist der wichtigste Ton einer Melodie, auf dem sich alle anderen Töne aufbauen. Man kann ihn hören wie einen Punkt in einem gesprochenen Satz.

Kanon Zwei oder mehr Stimmen setzen nacheinander mit dem Singen derselben → Melodie ein.

Klangfarbe Musik klingt unterschiedlich durch den Einsatz verschiedener Stimmen oder Instrumente und durch die Art und Weise, wie die Töne erzeugt werden.

Konzert Damit bezeichnet man Musik für Instrumente, die einzeln und zusammen musizieren. Es ist aber auch ein Begriff für eine musikalische Veranstaltung.

Lautstärke Es gibt viele Abstufungen in der Lautstärke von Musik. Zum Beispiel sehr leise, leise, mittellaut, laut, sehr laut. Musik kann auch allmählich lauter oder leiser werden.

crescendo *decrescendo*

Lied Das ist ein Musikstück zum Singen. Es hat einen Text, der sich oft reimt und meist mehrere → Strophen. Zu manchen Liedern gehört auch ein → Refrain.

Melodie Das ist die sinnvolle Aufeinanderfolge unterschiedlich hoher (= Tonhöhenverlauf) und zugleich unterschiedlich langer Töne (= → Rhythmus).

Metrum Die → Grundschläge in der Musik sind betont und unbetont. Im Zweiermetrum wechseln sich immer ein betonter und ein unbetonter Grundschlag ab.

Im Dreiermetrum wechseln sich immer ein betonter und zwei unbetonte Grundschläge ab.

Musikalisches Märchen Ein Märchen wird nicht nur mit Worten, sondern auch mit Musik erzählt.

Oper Das ist ein Theaterstück, in dem nicht gesprochen, sondern alles durch besonders ausgebildete Sänger und Sängerinnen gesungen wird.

Refrain Das ist der Teil eines Liedes, der sich nach jeder Strophe wiederholt.

Rhythmus Damit wird eine sinnvolle Abfolge unterschiedlich langer Töne bezeichnet.
Die Länge der Töne orientiert sich am → Grundschlag. Töne sind entweder gleich lang, halb so lang, doppelt oder viermal so lang wie der Grundschlag. Das trifft auch für Pausen zu.
Pausen sind kurze Momente, in denen kein Ton zu hören ist.

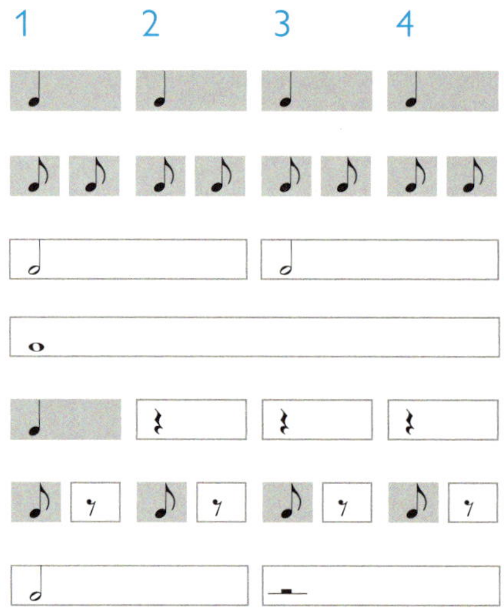

Rondo Ein musikalischer Teil wiederholt sich, andere Teile reihen sich dazwischen, zum Beispiel: A B A C A D A.

Singen Das ist eine uralte menschliche Tradition, bei der die Stimme anders gebraucht wird als beim Sprechen.
Man kann allein (Solo), im → Duett oder im → Chor singen.

Sologesang Ein Solist oder eine Solisten singt allein.

Steigerungen in der Musik Manchmal wird die Musik immer lauter oder immer schneller, oder es kommen immer mehr Instrumente dazu.

Stimmgabel Wenn die Stimmgabel in Schwingung versetzt wird, hört man den Ton „a“. Damit kann man Instrumente stimmen oder Sängern den Ton angeben.

Strophe Das ist ein Teil eines Liedes. Die meisten Lieder haben mehrere Strophen mit jeweils anderem Text.

Tango Das ist ein Tanz und zugleich eine Musikrichtung aus Südamerika.

Tempo Es gibt viele Abstufungen im Tempo von Musik, zum Beispiel sehr langsam, langsam, gehend, schnell, sehr schnell.
Musik kann auch allmählich schneller oder langsamer werden.

Tonhöhenverlauf Die Töne einer Melodie sind unterschiedlich hoch.
Zwischen den Tönen gibt es Tonwiederholungen, Tonschritte und Tonsprünge.

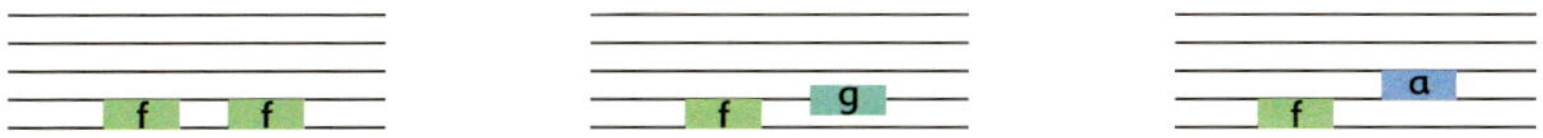

Ein Tonhöhenverlauf hat einen Beginn und ein Ende.
Er endet meist auf dem Grundton der → Melodie.
Oft verwendete Bausteine der Melodie sind Ruftöne, Dreiklang und Fünftonreihe.

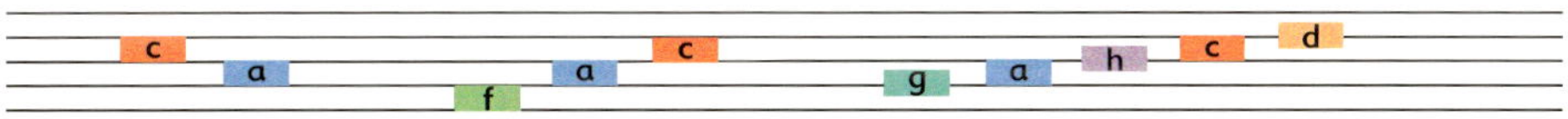

Ruftöne *Dreiklang* *Fünftonreihe*

Jeder Ton hat einen Namen: c, d, e, f, g, a, h.
Alle Töne gibt es mehrfach, zum Beispiel ein tieferes und ein höheres „c".

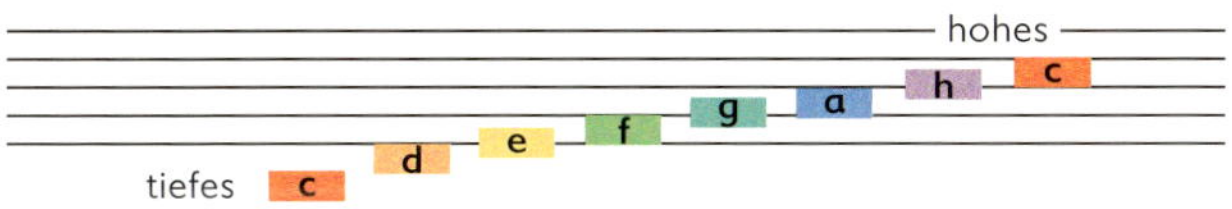

Wiederholung Ein musikalischer Teil wird noch einmal gespielt (A A).

Veränderung Ein musikalischer Teil klingt ähnlich wie ein anderer (A A').

Volkstanz Das ist ein überlieferter Tanz in einer bestimmten Gegend und steht in engem Zusammenhang zur → Volksmusik.

Volksmusik Das ist eine über viele Generationen hinweg überlieferte Musik in einer bestimmten Gegend.

Liedverzeichnis

Copyrights

Abbildungen

8 Mitte: Interfoto, Sammlung Rauch;
12 oben links: Shutterstock/Maxx-Studio;
12 oben Mitte: Fotolia/fotoherkules;
12 Mitte: Shutterstock/Ventura;
14 Hintergrund: Corbis;
16 oben: Peter Jackson (1922–2003): Sailing to music. Agentur Bridgeman;
18, 19, 20, 21 oben: Semperoper Dresden/Costin Radu;
24 Mitte: Fotolia/Oleksiy Mark;
26 oben: Fotolia/Blickfang;
26 unten: Friedrichstadt-Palast Berlin/Yan Revazov;
27 unten: privat;
28 oben links: Shutterstock/Maxx-Studio;
28 oben Mitte: Fotolia/fotoherkules;
33 Fotolia/Kumbabali;
34 Juniors Bildarchiv/C. Taylor;
37 Fotolia/soniaforyou;
38/39 (Hintergrund): Colourbox;
38 action press/MÜNSTERVIEW;
39 dpa Picture-Alliance/Martin Steige;
40 oben links: Shutterstock/Nagy, Joszef-Attila;
40 oben Mitte: Fotolia/fotoherkules;
40 Mitte rechts: imagostock;
40 unten (Dudelsack): Fotolia;
40 unten (Harfe): Fotolia,
40 unten (Fiddle): Clip Dealer;
40 unten (Tin Whistle): Shutterstock;
42 unten: INTERFOTO/George Ksandr;
44 links: Fotolia;
44 rechts: Corbis;
45 links: Fotolia;
46 oben: akg-images;
46 oben (Bilderrahmen): ClipDealer/Edler von Rabenstein;
50 oben, 51 unten aus: Sergej Prokofjew: Peter und der Wolf. Illustrationen: Frans Haacken. © 2003 Beltz & Gelberg in der Verlagsgruppe Beltz, Weinheim & Basel;
52 oben links: Shutterstock/Diego Barbieri;
52 oben Mitte: Fotolia/fotoherkules;
52/53 (Flöte): Fotolia/hikolaj2;
54 oben: LOOK Bildagentur;
54 Mitte: All mauritius images/Norbert Eisele Hein;
57 Mitte: Sonja Hoffmann;
70 Agentur Bridgeman;
71 oben: bpk-images;
71 Mitte: Shutterstock/Nicku;
72 culture-images;
73 INTERFOTO/Friedrich;
76 unten rechts: Fotolia/Oleksiy Mark;
77 Mitte rechts: Fotolia/soniaforyou;
77 unten Mitte: LOOK Bildagentur;
77 unten rechts: dpa Picture-Alliance

Marek Lange, Berlin 7, 9 (6), 10, 12 oben rechts, 13, 21 unten, 22 Mitte, 25, 28/29, 33 oben rechts, 35, 41 oben (4), 45 rechts, 52/53 Mitte (4); 74 Mitte und unten (8)

Tobias Schneider, Berlin 74 oben (4), 77 unten links

Peter Wirtz, Dormagen 75 (4), 76 oben und Mitte (6), 77 oben und Mitte (4)

Bei der Gestaltung der Fotoszenen wirkten mit:
Kinder der Lessingschule Leipzig.
Mit freundlicher Unterstützung der Musikschule Dormagen und der Lessingschule Leipzig.
Kinderzeichnungen S. 50/51: Rosalie Buckow

Lieder/Texte

6 © Urheber (Text)
7 © Fanfare Musikverlag Edition, Chrysalis Music Holdings, Berlin
8 © Urheber (Text)
11 © MUSICJUSTMUSIC, München
15 © Urheber
16 © Urheber
17 oben: © Musikverlag Helbling, Rum
18 © Fidula Verlag, Boppard/Rhein
22 unten aus: Wilhelm Gössmann (Hrsg.): Es weihnachtet sehr: Weihnachten mit der Poesie entdecken. Butzon & Bercker, Kevelaer 2001
27 © Urheber
30 oben aus: „Der Seelenvogel" von Michal Snunit und Na'ama Golomb, übersetzt von Mirjam Pressler, © Carlsen Verlag
30/31 unten: © Harlekijn Holland B.V., Universal Music Publ., Berlin
33 © Urheber
38 © orf (Zitat)
38 unten: © Carus Verlag, Stuttgart
39 © arte (Zitat)
39 unten: © Prob Noblem Music, Musik Edition Discoton, Berlin
44/45 oben: © Helbling Verlag, Esslingen
48, 49 unten: © Helbling Verlag, Esslingen
59 © Fidula Verlag, Boppard/Rhein
61 unten: © Autorenverlag Worpsweder Musikwerkstatt (deutscher Text)
63 oben: © Voggenreiter Verlag, Bonn
63 unten: © Urheber
64 © Helbling Verlag, Esslingen
65 unten: © Musikverlag Helbling, Rum
66 oben: © Fidula Verlag, Boppard/Rhein
66 unten: © MUSICJUSTMUSIC, München
67 © Musikverlag Helbling, Rum
68 © Musikverlag Helbling, Rum
69 oben: © Urheber
69 unten: © Urheber

Mein neuer Musikus 3

Redaktion	Ute Kister
Illustrationen	Naeko Ishida, Heidelberg Karl-Heinz-Wieland, Berlin (Instrumente) Bernd Kissel, Überherrn-Berus (S. 46/47, 70–73)
Umschlaggestaltung und Layoutkonzept	Rosendahl Berlin und Cornelsen Schulverlage Design
Gesamtgestaltung und technische Umsetzung	Linde de Maizière, Berlin
Fotos	Marek Lange, Berlin Peter Wirtz, Dormagen
Notensatz	Susanne Höppner, Neukloster

Zur Lehrwerksreihe gehören:

Schülerbuch	ISBN 978-3-06-083262-0
Handreichungen für den Unterricht	ISBN 978-3-06-080472-6
Audio-CDs	ISBN 978-3-06-080475-7
Arbeitsheft	ISBN 978-3-06-083264-4
Kling-Klang Musizierheft	ISBN 978-3-06-080468-9

www.vwv.de

Soweit in diesem Lehrwerk Personen fotografisch abgebildet sind und ihnen von der Redaktion fiktive Namen, Berufe, Dialoge und Ähnliches zugeordnet oder diese Personen in bestimmte Kontexte gesetzt werden, dienen diese Zuordnungen und Darstellungen ausschließlich der Veranschaulichung und dem besseren Verständnis des Inhalts.

1. Auflage, 1. Druck 2015

Alle Drucke dieser Auflage sind inhaltlich unverändert und können im Unterricht nebeneinander verwendet werden.

Druck: Firmengruppe APPL, aprinta Druck, Wemding

ISBN 978-3-06-083262-0

PEFC PEFC/04-32-0928

PEFC zertifiziert

Dieses Produkt stammt aus nachhaltig bewirtschafteten Wäldern und kontrollierten Quellen

www.pefc.de

Hörreise Europa
II/41
IRLAND
START
DEUTS
FRANKREICH
SPANIEN